成功している人は、なぜ神社に行くのか？

八木龍平
Ph.D. RYUHEI YAGI

JINJA

サンマーク出版

北海道

① **龍宮神社（北海道小樽市）**
＊麻生太郎（第 92 代総理大臣）

東北

② **石塔山大山祇神社・荒覇吐神社（青森県五所川原市）**
（※地図には十和田神社と記されている）
＊安倍晋三（第 90、96、97 代総理大臣）
＊岡本太郎（芸術家）

③ **磐神社（岩手県奥州市）**
＊安倍晋三

関東

④ **日光東照宮／日光二荒山神社（栃木県日光市）**
＊徳川家光（江戸幕府第3代将軍）

⑤ **三峯神社（埼玉県秩父市）**
＊宮本武蔵（剣豪）　＊大山倍達（空手家）

⑥ **将門の首塚／神田明神（東京都千代田区）**
（※将門の首塚はもともとは神田明神だった）
＊岩崎弥太郎（三菱財閥創始者）
＊三野村利左衛門（三井財閥の中興の祖）

⑦ **江島神社（神奈川県藤沢市）**
＊北条時政（初代執権）

⑧ **箱根神社（神奈川県足柄下郡）**
＊源頼朝（鎌倉幕府を創設）
＊吉田茂（第 45、48～51 代総理大臣）
＊堤康次郎（西武グループ創業者）

⑨ **走水神社（神奈川県横須賀市）**
＊小泉純一郎（第 87 ～ 89 代総理大臣）

中部

⑩ **伊豆山神社（静岡県熱海市）**
＊源頼朝

⑪ **諏訪大社（長野県諏訪湖周辺）**
＊武田信玄（戦国大名）
＊徳川家康（江戸幕府を創設）

⑫ **熱田神宮（愛知県名古屋市）**
＊源頼朝
＊足利尊氏（室町幕府を創設）
＊徳川家康

日本地図でひと目でわかる！　全国主要「天下取り神社」

天下を取った人は「この」神社に行っていた

＊はこの神社に参拝されたとされる“天下人”

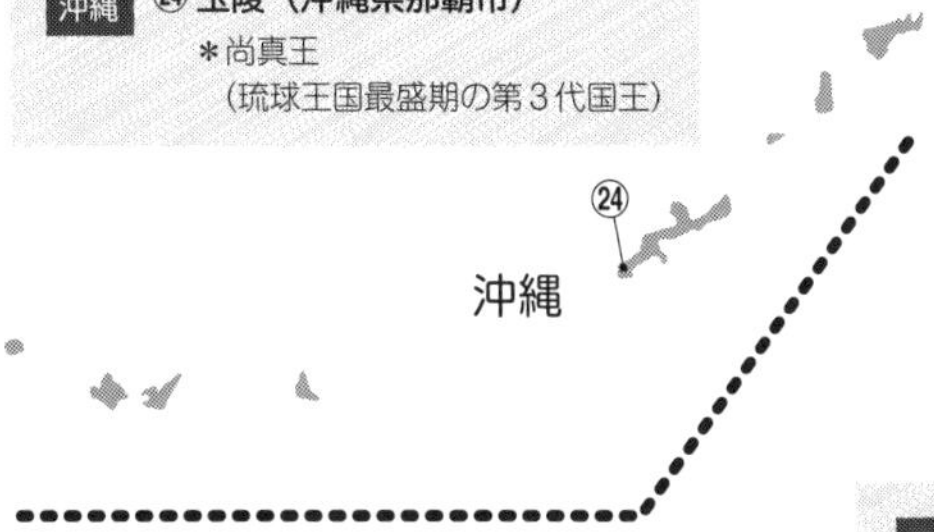

沖縄 ㉔ **玉陵（沖縄県那覇市）**
＊尚真王
（琉球王国最盛期の第３代国王）

中国 ⑱ **金刀比羅神社／サムハラ神社奥の宮（岡山県津山市加茂町）**
＊大平正芳
（第 68、69 代総理大臣）

⑲ **厳島神社（広島県廿日市市）**
＊平清盛（太政大臣）
＊毛利元就（戦国大名）
＊伊藤博文（初代総理大臣）

四国 ⑳ **五所神社／神明宮（高知県室戸市）**
＊空海（真言宗の開祖）

九州 ㉑ **宗像大社（福岡県宗像市）**
＊神功皇后（八幡神の一柱）
＊足利尊氏
＊出光佐三（出光興産創業者）

㉒ **香椎宮（福岡県福岡市）**
＊神功皇后
＊足利尊氏

㉓ **霧島神宮（鹿児島県霧島市）**
＊坂本龍馬（大政奉還の立役者）

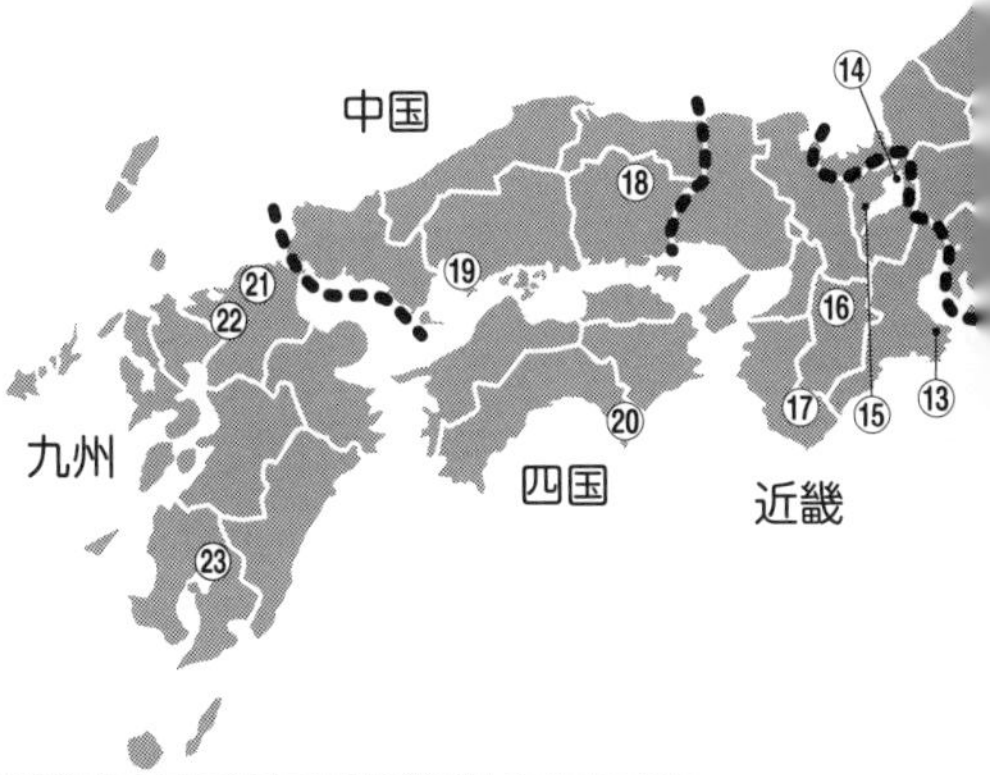

近畿 ⑬ **伊勢神宮（三重県伊勢市）**
＊佐藤栄作（第 61〜63 代総理大臣）

⑭ **竹生島神社（滋賀県長浜市）**
＊豊臣秀吉（太閤）

⑮ **日吉大社（滋賀県大津市）**
＊最澄（天台宗の開祖）　＊豊臣秀吉　＊徳川家康

⑯ **春日大社（奈良県奈良市）**
＊藤原氏（貴族を代表する名門氏族）

⑰ **熊野三山（和歌山県）**
＊白河上皇（院政をはじめる）

「祭祀により神々は喜び、その神々もまた
あなた方を喜ばせる。互いに喜ばせ養いあって、
あなた方は最高のしあわせを得るであろう。」

(『バガヴァッド・ギーター』第3章・第11節)

誰も知らなかった
「神社」の秘密が
いま、明かされる!

登場人物紹介

リュウ博士

［この本を書いた人］

ドラゴンくん

［龍神の化身］

ヤタ子

［ヤタガラスの化身］

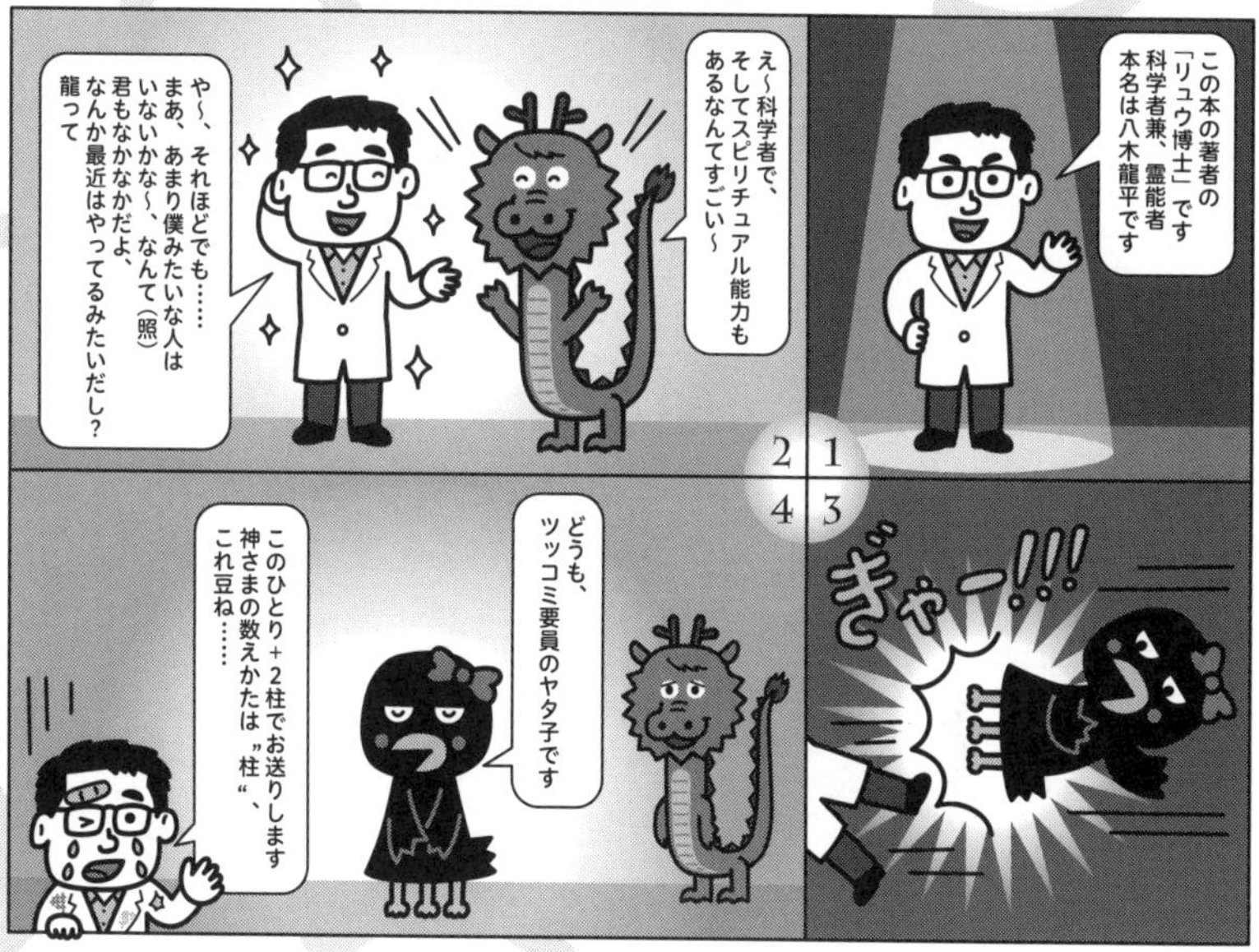
この本の著者の「リュウ博士」です 科学者兼、霊能者 本名は八木龍平です
え〜科学者で、そしてスピリチュアル能力もあるなんてすごい〜
や〜、それほどでも…… まあ、あまり僕みたいな人はいないかな〜、なんて(照) 君もなかなかだよ、なんか最近はやってるみたいだし？ 龍って
ぎゃー!!!
どうも、ツッコミ要員のヤタ子です
このひとり＋2柱でお送りします 神さまの数えかたは"柱"、これ豆ね……

［プロローグ］ PROLOGUE

科学者が〝商売あがったり〟になっても伝えたい「神社の真実」

◉あなたはもう、神さまに目を付けられてしまっている!?

本書を手にとってくださって、ありがとうございます。
あなたは、神さまよりひとつお役目をさずかりました。
そのお役目とは……。

神社に来て「世の中をよくしなさい」というお役目です。

いまや世界中から神社にお参りに来る時代。
神社の神さまは、**世の中をよりよくする「成功していく人」を増やすために、いよいよ**

大きく動き出しているのです。

もちろん、この本を手にとってしまったあなたも神さまに目を付けられたひとりなのです。ホントですよ。

「神社に行くと成功する？　そんなバカな（でも、ちょっと気になる……）」

「神さまには願いごとをするものじゃないよ。神社は感謝するところだから」

こんなふうに思われた方もいるでしょう。

日本に住む人ならば、きっとそれぞれ神社へのイメージがありますね。

本書では主に2つの視点から、神社の「見えない仕組み」をひもといています。

ひとつは「統計データ」から。もうひとつは「触覚」からです。

僕は科学者として、これまで企業や大学で心理テストの開発や新商品の開発に取り組んできました。**英語でPh.D.とよばれる博士**です。

データを集めて統計分析して、**見えない心の仕組みを見える化するプロ**です。

すごい「かた〜い」人間に違いない！　と思われたかもしれませんね。

この科学者の視点から、わかりやすく論理的に、神社の見えない仕組みをご説明します。


さらに僕は**「触覚タイプ」の霊能者**です。

「かた〜い」に加えて、「怪しい」という印象も加わったでしょうか（苦笑）。

霊能にはいくつかタイプがあります。

見えないものが見える視覚タイプ、見えないものの声が聞こえる聴覚タイプ。この2つはおなじみですね。

そして**触覚タイプは、見えないものを感じます。**

手や身体《からだ》でさわるように、見えないものの存在を肌で感じます。たとえば目隠しを

霊能者だというカミングアウト……科学者としては〝商売あがったり〟になりかねない危険な取り組みです（笑）
バシッ
笑っている場合じゃないだろ！

しても、近くに人がいれば気配を感じるし、ふれられると気づきますよね。

そんなスピリチュアルな触覚からも、神社の見えない仕組みをひもといていきます。

これは科学者としては〝商売あがったり〟になりかねない、危険な取り組みです(笑)。

迷惑をかけないよう、研究員をしていたコンピューターメーカーは辞めました。年収は1000万円近くあったので、本当にもったいない話です。

そんな危険をおかしてまでも、僕は、いまどうしてもあなたに伝えたいことがあります。それは……


神社には「意思のある知的生命体」がいて、世界に大きな影響を与えている、

ということ。神社で感じるたびに「これが日本の神さまか！」と感動しています。

「神さまで〜す」と名乗られたことはありませんが、体感するのはしょっちゅうです。

そして「誰もが」神社の神さまと交流しています。

ただ神社の空間にいるだけで、あなたと神さまはコミュニケーションしているのです。

「神さまって……なに？　私たちとどう関わっているの？」

こう思う方もいるでしょう。なにせ実体がないですから。

神さまとはいわば「知的な空気」です。意思と目的をもった透明な存在です。

風や雲のように移動します。

注意すれば誰もがその存在に気がつきます。

「え〜、私にも、わかるのかな〜？」

そう思われる方もいるかもしれませんが、大丈夫。

なにも特別な力は必要ありません。神さまのサインに気づくのは、すごくかんたん。

これまで僕と一緒に神社に参拝した人たちも、教えるとすぐにわかりました。

「ほら、風が吹いてきた。これが神さまのサインだよ」

「ああ、あの雲が龍神さまなんですね〜！」

ほんと、こんな感じです。

風を感じたことのある人なら、わかります。

もしコツを一言でいうなら**「見る以外」を意識すること。**

人間は主に視覚と聴覚で情報を得ますから、どうしても「見て聞いて」しようとするクセがあるのですね。

でも神さまって見えないし、しゃべらない。

だから「感じる」ことが大切です。人や動物が近くにいると、存在を感じますよね。大自然の中にいると「気持ちいい」と感じます。その感覚です。

その感覚をもっと意識すれば、「目に見えない世界」がどんどん開かれるでしょう。

◉日本を動かした天下人は必ず神社に参拝している

昔から日本の多くの成功者は、神社を「特別な場所」だと知って参拝してきました。

「天下を取った人」は必ずといっていいほど特定の神社を信仰しています。

その筆頭は天皇家の方々。

2000年以上前から、歴代の皇族は日本各地の神社を参拝してきました。

なぜ天皇家は、世界でもっとも長続きしている王家なのか？

その答えは神社をつくりお祭りしてきたからです。

天皇は権力者から宗教的な存在に変化していきましたが、実際の権力をにぎった人たちも、やはり特定の神社に参拝しています。

まず貴族の代表・藤原氏ではじめて天皇家を左右する権力をにぎった**藤原不比等**は、「春日《かすが》大社」のもとになった神さまを祭りました。春日大社は、鹿島神宮と香取神宮と枚岡神社が合体したスーパースター軍団のような神社です。

その藤原氏から権力をとりもどした**白河上皇**は「熊野詣で」をくりかえしました。熊野古道をたどり熊野本宮大社や速玉大社などを9回参拝しています。

つぎに天下を取った**平清盛**は「厳島《いつくしま》神社」に参拝し、平家の天下を実現しました。

その平家をたおし、鎌倉幕府を開いた**源頼朝《よりとも》**は、罪人として伊豆にいたころに「箱根神社」と「伊豆山神社」にくりかえし参拝しました。

その他、天下人を並べると、初代執権・**北条時政《ほうじょうときまさ》**は湘南《しょうなん》の「江島神社」。

室町幕府を開いた**足利尊氏《あしかがたかうじ》**は福岡の「宗像《むなかた》大社」「香椎宮《かしいぐう》」の力を借りました。

豊臣秀吉《とよとみひでよし》は滋賀の「日吉大社」「竹生島《ちくぶしま》神社」。

そして、1章でくわしくお伝えしますが、江戸幕府を開いた**徳川家康《いえやす》**は日本史上もっとも戦略的に神社を活用した人物でした。

神社を熱心に参拝していない天下人は、じつはゼロなのです。

「ま、昔の人はねぇ。いまは科学の世の中だよ（半笑）」

そう思う方もたくさんいらっしゃるでしょう。しかし神社が特別な場所なのは、科学全盛の現代でも変わりません。

もっとも成功した**総理大臣・佐藤栄作**は、総理になってから毎年1月4日の仕事始めに「伊勢《いせ》神宮」に参拝しました。

佐藤栄作は歴代最長の7年8か月も総理をつとめ、1974年にはノーベル平和賞まで受賞しています。

その**成功の秘けつは仕事始めの伊勢神宮参拝にあった**のです。以降、総理による年初の伊勢神宮参拝は慣例になりました（形だけ真似《まね》しても……以下略）。

企業の成功でも神社は重要です。

経営の神様といわれる現・**パナソニックの創業者・松下幸之助**は、社内のあちこちに神社をつくりました。本書でもくわしくお伝えしますが、社内に「祈りの場」をつくることが、松下流の経営術だったのです。

出光《いでみつ》興産を創業し、大ベストセラー『海賊とよばれた男』（百田尚樹著／講談社）

のモデルになった**出光佐三《さぞう》は、生涯にわたって「宗像大社」をあつく信仰しました。**海賊とよばれた男も社内のあちこちに宗像の神をお祭りしたのです。

西武グループを創業した堤康次郎は、箱根の「九頭龍《くずりゅう》神社」と「箱根神社」です。駒《こま》ヶ《が》岳《たけ》山頂に箱根神社の元宮を再建し、九頭龍神社本宮の周りの土地はすべて買いとりました。「九頭龍神社」を独占したわけですね。スケールがでかすぎ（笑）。

例をあげていくとキリがありません。

とにかく日本では、昔もいまも成功への道は神社にあるのです。

しかしいまの日本人の多くは、神社が「特別な場所」であることを忘れてしまっています。これって、すごくもったいないと思いませんか？

一方、**天下人や大企業の創業者たちのように、神社の特別さを理解している人は神さまのバック**

アップをえて、たしかな活躍をしています。さあ、つぎはあなたの番です。

◉神社はみんなで成功する仕組み

この本を手にとったということは、神さまたちもあなたの成功を望んでいます。

僕も出し惜しみはしませんよ！

なぜなら、**神社は「みんなで成功するところ」だから**です。

神社の知恵は、自分だけこっそりうまくいく方法を知って、ひとり成功するみたいなものではありません。**「周りがよくなれば、自分もよくなる」**という知恵であり力なのです。

「自分だけうまくいこう」なんて思っている方は、ごめんなさい。そういう内容ではありません。でもそういう方こそ読んでほしい。

僕は神社によく行くようになって、周りへの不平不満がほぼ消えました。神社に不満を「清められた」のです（あ、ほぼ、ですからね。ちょっとはある……笑）。

これから本書で、つぎのことをお話ししていきます。
1章では、日本の偉人たちは知っていた神社がもつ秘密の力とはなにか。
2章では、神さまと仲良くなり成功していくための祈り方。
3章では、願いをかなえる神社の見えない仕組み。
4章では、神社の知恵を日常にいかすコミュニケーションの方法。
5章では、人体を神社にみたてた心と身体づくりの方法。

読み終えたころには、あなたも神社に行きたくなり、そして神さまとともに成功し幸せになれると実感するでしょう。

神さまは「参道の真ん中を吹き抜ける風」に乗って、サーファーのように、僕たちのもとにやってきますよ。

神さまからのお役目、ぜひ引き受けて、一緒に世の中をよくしていきましょう！

成功している人は、なぜ神社に行くのか？［もくじ］

2章　知らなきゃもったいない！神さまとご縁が深まる祈り方のルール

3章 世界を動かす見えない仕組み

4章 神社式コミュニケーションで仕事も人間関係もうまくいく

5章 人生を加速させる次元上昇を起こそう

エピローグ

「神社のある日本」という人を幸せにするシステム

ブックデザイン：冨澤崇（EBranch）
カバー、オビ、本文「キャラクター」イラスト：タラジロウ
カバー、オビ、しおり、本文「雲」イラスト：Dick Stada ／ Shutterstock.com
カバー、しおり、本文「鳥居」イラスト：Martial Red ／ Shutterstock.com
表紙イラスト：大澤皐月（サンマーク出版）
編集協力：株式会社ぷれす
本文ＤＴＰ：J-ART
編集：金子尚美（サンマーク出版）

1章

成功している人は知っていた、神社に仕組まれた秘密の力

JINJA

衝撃！　神さまとのファーストコンタクト

僕が、神社の神さまとはじめてコンタクトしたときのことからお伝えしましょう。

じつは**自宅のベッドに龍神《りゅうじん》がやってきました。**作り話みたいですが、本当の話。箱根の芦ノ湖《あしのこ》にいる龍神がうちのマンションにやってきたのです。

2008年2月のことでした。ちなみにアポなし（笑）。

この日、僕は箱根の九頭龍《くずりゅう》神社本宮にひとりではじめて訪れていました。プロローグでふれた西武グループの守護神で、龍神です。

月に1度のお祭りの日で、芦ノ湖を渡る船に乗っての参拝でした。縁結びにご利益があると女性に大人気で、この日も小雨の中、押すな押すなの参拝でした。

「大企業の守り神がなぜに恋愛？」と思いつつ、小さなお社に参拝しました。大行列なので、たった数秒のお祈りです。

お社の中は、濃い雨雲の中にいるような感覚でした。僕は触覚型の霊能がありますから、人や自然の「気」が肌感覚でわかります。

九頭龍神社のお社では、濃密でお社全体をおおいつくす大きな気を体感しました。

それから兵庫の自宅に戻り、ベッドに座って九頭龍神社での体験を思い返しました。するると……いるのです。ベッドに。**九頭龍神社で感じたあの濃密な「気」がいるのです。**

「う、うぉっ!?」

思わずのけぞりました。瞬間、考えがめぐります。

「ちょっと待って！　龍神って本当にいるの!?　そしていまこの部屋にいるの!?」

そう思った途端、ベッドの上で平伏し、こう念じました。

「申し訳ありません！　ごめんなさい！　とくに用もなくお呼びだてしてしまいました！　どうぞお帰りになってください！　誠にごめんなさい!!!」

失礼極まりないことを念じたのではといまでも気にしておりますが、このときは「とにかく怖かった」のです。

ただ、時がたつにつれて、**自分の呼びかけに反応してくれる不思議な存在がいる**ということが、なんだか面白くなってきました。

いわゆるご利益もありました。僕はこのときメーカーの研究所で働いていましたが、九頭龍神社に参拝して数日後、あるイベントに自分たちの研究を展示することが突然決まりました。2日間で1万人以上の来場者がある巨大イベントです。

展示担当の組織にご縁ができて、彼らに研究を直接紹介できたからです。そして、即「展示しませんか」となり

ました。

「箱根の九頭龍神社は縁結びに効果あり」と実感した出来事でした。

このイベント展示をステップに、その後、数十億円のビジネス受注、社長賞の受賞など、仕事仲間とともに順調に成果をえていきました。

この龍神とのファーストコンタクト以来、僕の中で神社と神さまへの意識は大きく変わりました。「神さまっているの？」から、「神さまとどうやってコミュニケーションするの？」に変わったのです。むくむくと好奇心がわいてきました。

神社には、日本版ザ・シークレット「スキマの法則」があった！

神社の神さまは「知的な空気」です。意思と目的をもった透明な存在です。

これは、プロローグでもお話ししましたね。

ですから、人間や動物とはコミュニケーションの仕方が違います。**神さまとの交流は、「スキマをつくること」がポイント**です。なにせ空気ですから（笑）。

たとえば祈るときに、あなたの心が悩みや雑念や頼みごとでいっぱいだと、神さまが入り込む「スキマ」がありません。しかし、**「無心に近づくほど」そこに神さまが入ってきます。**

同時に、願いごとがあれば、その意思を伝えることも大切です。

祈りは、もともとは「意（い）宣（の）り」。意思を宣言する行為だからです。

難しく感じますか？　具体例を示しましょう。心の中でこう祈ります。

「埼玉県川越市元町1丁目○番地の明治太郎です。
参拝させていただき、感謝申し上げます。家族が無事1年をすごせますように。
はらいたまえ　きよめたまえ　かむながら　まもりたまえ　さきわえたまえ」

これでOKです。神社で合掌して祈るとき、心の中でなにを言えばよいか、なかなかわからないものです。みんな声には出さないですものね。

じつは、この祈り方は、**祈りが通じ、願いがかなう「神さまが入るスキマ」ができる祈り方**なのです。

まさに**日本がほこるザ・シークレット「スキマの法則」！**

ザ・シークレットというと、よく知られているのが、全世界で大ヒットしたロンダ・バーン著『ザ・シークレット』（角川書店）の「引き寄せの法則」です。

この法則は、豊かになることばかり考えていたら、豊かさがやってくるというシンプルな考え方です。

そして日本でも古くから伝わる「偉大なる秘密」が、もっと大規模なシステムとして存在していたのです。わかりやすいステップでもう一度お伝えしましょう。

▼神さまに伝わる「スキマの法則」の祈り方

①住所・氏名を伝える

「私が誰であるのか？」を最初にお伝えします。この「個人の特定」は、神さまにとっては重要です。家族の無事といっても誰の家族か神さまにはわからないからです。だから、私が誰であるのか住所と氏名を神さまにお伝えしましょう。**名乗るのは神さまへの礼儀**でもあります。

②神社にお参りできたことへの感謝を伝え、願いごとを一言お伝えする

「参拝させていただき、感謝申し上げます」などと感謝を伝え、願いごとを伝えます。あれもこれもお願いするのではなく、ひとつだけです。

③祝詞《のりと》とよばれる神道の祈りの言葉を唱える

「はらいたまえ　きよめたまえ　かむながら　まもりたまえ　さきわえたまえ」

この祝詞は、おさいせん箱の横や後ろに、よく書かれております。意味は「罪・けがれをとりのぞいてください。神さま、どうぞお守りお導きください」です。

さらに短く**「はらいたまえ　きよめたまえ」だけでもよい**でしょう。

これが祈りのキホン構造です。順番は前後してもよいです。自然にお伝えください。

この祝詞を唱えると、神さまがあなたに入れるスキマを自動的につくってくれます。

祝詞は神さまが入れるスキマをつくるスイッチなのです。

略してスキマスイッチ？（笑）

冗談はさておき、この神社での祈りの方法は、ただの礼儀作法ではありません。

じつは東京工業大学の研究者が発表したある学術論文をひもとくと、**神社は僕たちに「愛」と「貢献したい」という意欲を与える**ことが、統計データから推測できます。

なにかを愛し、そのなにかに貢献する。家族の無事を祈れば、それは「私は家族を愛し、貢献します」という神さまへの宣言になります。

僕たちが愛をもって世の中に貢献し、成功や幸福への道を歩むスイッチ。それが「祈り」です。

2
1
4
3
いま、明かされる!
隠されていた秘密!!
日本版・ザ・シークレット!
スキマスイッチ?
全力ツッコミ〜♪
そうそうそう、「全力少年」とか名曲だよね〜
って違うだろ!
お、ノリツッコミ

神さまだって、人間に頼みたいことがある！

「スキマの法則」で、神さまが入れるスキマをつくりました。では、神さまが入ると
どうなるのでしょうか？

じつは成功・幸福に導く祈りのスイッチには、A面とB面があります。

祈りは意思を宣言する行為だと書きました。これは祈りのA面です。

祈りとは**神さまとの交流、すなわちコミュニケーションです。**

神さまとのコミュニケーションのポイントは、**「自分の意思を伝えるだけでなく、神さまの意思を受けとる」**こと。

ここが祈りと、いわゆる「神頼み」「単なる願いごと」との大きな違いです。

こちらの意思を伝えるだけではコミュニケーションではありません。

あなたに頼みたいことが神さまにもあるのです。

祈りのB面とは、神さまからの頼みごとを引き受けることなのです。
自分の意思を宣言し、そして神さまからの頼みを引き受ける。A面とB面がセットになって、神さまとのコミュニケーションが成立します。

神さまは僕たちを通して、この世、すなわち現実社会に貢献します。というのも神さまは肉体がないので、物理的な働きかけができません。

ですから、**現実を変えるには僕たち人間の助けがいる**のです。

神さまが頼みごとをするときは、こんな感じです。

あなた「お金持ちになりたい！　ってお願いするぞ〜」
神さま「はいはい、祓《はら》い清めましょうね〜。あなたの本心はどこだ？」

あなたは拝殿の前に立ちました。さあ祈ります。

あなた「（お金持ちにしてくれ、ってのもなあ。宝くじ1等とか？　う〜ん）」

神さま「もうちょっと、祓い清めましょう〜。さあ、本心を見せておくれ」
あなた「もっと人から認められる自分になりたいです」
神さま「Aさんがあなたを必要としています。ご縁をつなげましょう」

あなたはいつの間にか、**神さまが頼みたいことと、自分の願いごとの接点になることを祈っています。**

「お金持ちになりたい！」という思いの根っこの部分が、祓い清めることで浮かび上がってきました。この場合、他人の役に立って認められたいという欲求ですね。

この根っこの部分が出てくると、神さまの頼みごとを引き受ける「スキマ」が整います。

おそうじやお片づけと同じです。**余計な考えを捨て、あちこちに散らばった思考を収納すると、神さまの意思を受けとるスキマができるのです。**

神さまは、あなたに幸せになってほしいと願っています。

そしてAさんにも幸せになってほしい。

あなたがAさんに貢献すると、Aさんは喜んであなたに感謝し、あなたもAさんに感謝されて役に立ったとうれしく思います。お互いにハッピーな関係ですね。

貢献すると、お金にもつながっていくでしょう。


神さまの頼みとは、基本は誰かとハッピーな関係を結ぶことです。

祈ることによって、神さまが自分の中に入ってきて、他人と自分を幸せにするご縁を結びます。

そしてこの入ってくるスキマを自動的につくるスイッチが、神道の祝詞でした。


このように、**神社で祈ることで、僕たちはいつでも神さまとつながり、あの世の意思をこの世につないできました。**これは皇族のような特別な人たちだけの役割ではありません。

神社での祈りこそが、日本に古くから伝わる「行為の中に埋め込まれた知恵」であり、日本版ザ・シークレット「スキマの法則」なのです。

すなわち神と呼ばれるスピリットが降り立つ神社と、自分の中にスキマをつくって神さまを招き入れる祝詞です。

世界各国では、こうした古い知恵は聖書や仏典のように「言葉」で意味を解説し、人々に伝えてきました。

一方、日本神道では、意味を解説せずに「場」と「行為」だけで伝えています。神社という「場」、そしてそこで祝詞を唱えるという「行為」です。

しかしいまや神社には、日本人以外もたくさん参拝しています。

その結果、**神社の力は世界中に広がっています。**

もう日本のザ・シークレットにしておく時代ではありません。

日本の神社から世界の神社へ。

いま、秘密を明らかにする時が来たのです。

祈り方を見ればわかる「成功する人、しない人」

それではここで、「スキマの法則」を発動させる祈り方の実例をご紹介しましょう。

あれ、普通に祈ればいいんじゃないの？　と思われたかもしれません。

そうなのですが、じつはこの「普通に祈る」というのが案外難しいことをはっきり突きつけられた出来事がありました。


2011年9月、大阪府東大阪市東石切町1丁目にある石切劔箭神社《いしきりつるぎや》へ、友人数名で訪れたときのことです。

ご祭神はニギハヤヒノミコトとその御子・ウマシマデノミコト。太古、飛行船に乗って天空から日本を見おろし「この国は、日本《やまと》と名付ける」と決めて、日本に降り立った神さまです。

「ねぇねぇ、誰が日本という名前にしたの？」と誰かに聞かれたら、「それはニギハヤヒノミコトという神さまが、大昔に勝手にそう決めちゃったんだよ～」と教えてあげてください。

『日本書紀』（神武天皇31年4月の条）には、つぎのように書いてあります。

「ニギハヤヒノミコトは、天磐船《あまのいわふね》に乗って大空を翔《かけ》めぐり、この地を見つけて天より降り立つにあたって、名付けて『虚空《そら》見《み》つ日本《やまと》の国《くに》』と言った」

まるで「宇宙人が地球にやってきた！」みたいな『日本書紀』の書き方ですね。

さて、石切劔箭神社は「石切さん」の愛称で親しまれ、たいへん庶民的で活気のある神社です。僕たちも楽しい気分で本殿を参拝したあと、裏手にある小さなお社を参拝しました。

お社の名前は乾明神社。江戸時代の中ごろ、この地方のたいへん信望のあつかった庄屋さんが應壅乾幸護彦《おうよういぬいこうごのみこと》というご神名で祭られ、知恵の神さま・学問の神さまとして崇敬されています。

この乾明神社に行くと、先客に20代後半とおぼしき男性がいたのですね。

すぐに立ち去るかと思いきや、ずっと合掌したまま、しきりに身体《からだ》を上下にゆすり拝んでいます。

「ずいぶんと肩に力が入っているな。なにをそんなにお願いしているのだろう？」

そう思っていると、友人のひとりが彼の左横に立って、祈りはじめました。多くの参拝客がしているような、通常の儀礼にのっとった祈りです。

すると、「ヒュ〜〜〜」。

お社の内側から、強風設定でエアコンのスイッチをONにしたかのように、風が吹きはじめました。それも友人のいる左側だけです。


神社で突然に風が吹いてきて、不思議に思ったことありませんか？

たとえば大きな神社の参道の真ん中は「神さまの通り道」といわれますが、実際「神さまがお通りだい！」と言わんばかりに、よく風が吹きます。

そんな神の風が吹いてきたのです。

驚いているうちに友人が戻ってきました。先客の男性はまだ祈りつづけています。

「なにかこちら側だけ風が吹いていたね！　どうやって祈っていたの？」

そうたずねると、**「いや特別なことは。普通に日ごろの感謝の気持ちをお伝えしていただけで。お願いごと？　とくには」**。

僕の友人がいる側だけで、先客の男性が祈っている右側には風が吹いてきませんでした。

願いごとをしていないという友人ですが、もともとよく神社には参拝しており、ちょうど数か月前に**念願を**

かなえていました。ある分野において日本でもっともレベルの高い研究所に転職したのです。友人にとってはベストの就職先でした。

もちろん本人の努力のたまものです。ただ僕も近しい業界だけにわかるのですが、**実力とコネだけでは実現できない、「強い運」も必要**なことでした。

一方、先客の男性には、なぜ風が吹いてこなかったのか？

もちろん彼がなにを思って祈っていたのかわかりません。

ただ、「がんばって」なにかをしていたのは確かです。

これは意識のスキマがとぼしかったということ。**お願いごとで頭がいっぱいすぎて、神さまが彼の中に入れるスキマがなかった**のでしょう。

僕の友人はというと、肩に力を入れずリラックスして祈っていました。

ただ日ごろの感謝を神さまにお伝えする。そんな友人の透明な意識が**「最高の結果を招き入れるスキマ」**をつくっていたと気づかされる出来事でした。

神さまの正体は……宇宙人!?

ここまでしきりに神さま神さまと言ってきました。これだけくりかえし言えば、もはやこういう話題に抵抗のある方は本を閉じているでしょう（笑）。

ここからはさらに遠慮なく、神さまの話をします！

結局、神社の神さまとはなんなのでしょうか？

いわゆる万物創造の主、全知全能の存在とは違います。ひょっとすると全知全能の神さまもいるのかもしれませんが、僕はまだその存在を認識したことがありません。

神社の神さまとは、「意思と目的をもった知的生命体」です。

神さまとは前にお話ししたように「知的な空気」で、僕たち人間と交流することで、この現実社会に関わってきます。

神さまは「知的な空気」と言われても、まだピンと来ない方もいるでしょう。

僕自身はっきりそうだと感じたのは、滋賀県大津市の日吉大社を訪れたときです。

日吉大社は伝教大師《でんぎょうだいし》・最澄が開いた天台宗の総本山・延暦寺《えんりゃくじ》の守護神で、比叡山《ひえいざん》のふもとにあります。

有名なお寺に守護神があるのも面白いですよね。ちなみに弘法大師・空海が開いた真言宗の根本道場・東寺の守護神は伏見稲荷《ふしみいなり》大社です。

さて、はじめて日吉大社を訪れたときは、本格的に神社に行きはじめたばかりのころで、まだまだ神社についてよくわかっていませんでした。

そのため東本宮と西本宮とよばれる2つの大きなお社にだけ参拝して、さあ帰ろうと歩いていたときのことです。

突然、左からふわっと顔や身体に感触がありました。**大きなシャボン玉になかば包まれたような感覚**です。

その巨大シャボン玉のような透明ななにかから、「こっちこっち」と左側に引っ張られる感覚をおぼえました。当然（？）ついていきますよね。

参道から外れて、外れ……ついていったさきには、なんとＵＦＯが‼


……ということはなく、白山宮というお社がありました。

パンフレットでどのような神さまか確認すると、菊理姫《ククリヒメ》というお名前でした。白山という標高２７０２メートルあるお山の女神さまです。

菊理姫は、じつは石川県の僕の母校の近くにいらっしゃる神さまでした。母校のそばには白山神社の総本宮・白山比咩《しらやまひめ》神社があったのです。

在学中は一度も参拝したことはありませんでした。でも、ずっと守っていてくださったのかと、感激しました。

ほどなくして母校から講演に招かれるようになり、これも菊理姫が結んでくれたご縁とありがたく思いました。


これが僕の知る神さまの姿です。

意思をもった知的生命体だと定義した理由がおわかりいただけたでしょうか。

僕はこの出会いにより、はじめて、

「この世界には人間以外にも高度な知性をもつ生命体が存在する」

「その知的生命体は、物理的な存在ではなく、純粋な意識だけの存在（エネルギー体）である」

ということを知りました。

「それって宇宙人じゃないの？」

そう思われた方、するどいですね。

意識だけの存在に空気は必要ありませんので、宇宙空間にも行けます。

神さまは、地球外でも活動できる宇宙生命体です。

「おいおい、じゃ天神さまも宇宙生命体なの？　もとは平安貴族の菅原道真公《すがわらみちざね》だよね」「明治神宮の神さまだって明治天皇と昭憲皇太后じゃないか」

人間なのに神さま？　とっくの昔に死んだ人が生命体？　と疑問をもつ方もいるでしょう。もっともです。

じつは故人もお祭りすれば、神さまとして再びこの世に復活します。

あとでご紹介する徳川家康《いえやす》は、人間が死後に神さまになった具体的でわかりやすい例でしょう。

自然も神さまです。海、山、風、雷、火、滝、島など、お祭りすればすべて神さまになります。さきに紹介した菊理姫も山の神さまでしたね。

「『トイレの神様』なんて歌が日本でヒットしたよね。食べ物を煮炊きするカマド（台所）の神さまなんてのも神社にいる。トイレも台所も生活の場所だけど、これらも神さまなの？」

はい。われわれの周りにあるものすべてに、神さまは存在することができます。

神さまはこの世にあるものすべてに頼みたいことがあるのです。

そして**人が祈ることで、すべてのものに神さまが入るスキマができます。**

すべてのものに神さまを宿らせる。これも日本の古い知恵、偉大なる秘密です。


ものに神さまを宿らせる祝詞はきわめてシンプル。

「ありがたや、ありがたや」です。言葉の表現はみなさまのセンスにまかせます。

ただ覚えておいていただきたいのは、**ものへの感謝の言葉が、ものに神さまを招き入れる祝詞になる**ということです。

あなたのお家《うち》の電子レンジも、感謝して毎日あつかえば、神さまになり、宇宙生命体にまで進化するのです。

なんとメルヘンな世の中なのでしょうか!

僕らは神さまと「一緒に」進化する

神さまの具体例をあげたため、かえって混乱した方もいるかもしれません。

具体例に共通するエッセンスをあげましょう。それが神社の神さまの正体です。

神社の神さまの正体とはなにか？

それは「僕たちの意識」です。神社という場に来て、僕たちはお祈りをします。

その**「祈りの集合体」が神さまの正体なのです。**


故人も自然も生活道具も、すべて僕たちが祈る対象であり、神さまのシンボルです。

しかし神さま全体ではありません。

たとえばスサノオノミコトという有名な神さまがいます。出雲《いずも》で八岐大蛇《やまたのおろち》を退治した英雄です。僕たちの誰かがいまこの瞬間スサノオノミコトに祈ったとしましょう。

すると、その祈りがスサノオノミコトの一部になります。

僕たちの祈りがスサノオノミコトを創造しつづけるのです。


神さまは、僕たちの祈りをためて、共有します。

いってみれば、神さまは僕たち人類の「祈りの宝石箱」なのです。

だから、もし料理に対する祈りを共有したければ、料理の神さまをつくり、神さまとしてお祭りする場をつくればよいのです。


ここでピンと来た方もいるでしょう。そうです。

神さまは人間の創造物です。

重要な点なので、もう一度言います。**神さまとは人間の創造物なのです。**

人間がなにかに名前（ご神名）をつけて祈ると、神さまとよばれるスピリット（意思と目的をもった意識）が誕生します。

神さまは人々の祈りを集約するシンボルやフォルダとして機能し、僕たちの意識に働きかけることができるようになるのです。

ここが面白いところで、**想像上の存在ではありません。実在しているのです。**

意思と目的をもって、現実社会に働きかけてきます。

神社の神さまとは「意思と目的をもった知的生命体」なのです。


では「誰の」意思であり、目的なのでしょうか。

それは神さまに祈る「僕たち」の意思であり、目的です。

神さまのもとになった故人の意思は、初心として中核にはあるものの、どんどん上書きされていきます。


これまで日本では、建国以来2000年以上にわたって、神社を通して祈りが共有されてきました。**日本に暮らした人々の2000年以上にわたる祈りが、神さまを日々進化させてきた**のです。

そして神さまの進化とともに、僕たちも日々進化していきました。

神さまを通じて、日本の人々は魂の深い部分を共有してきたのです。

僕たちの祈りが神さまを育てるのです。

神さまが育てば、僕たちも育つのです。

もしあなたが日本人ならば、日本全体をもっとよくしたいと思っているでしょう。

だったら日本のシンボル「アマテラスオオミカミ」に祈ってください。

そのあなたの祈りは、フォルダ名「アマテラスオオミカミ」に共有され、この現実世界に必ず広がっていくでしょう。あなたもアマテラスの一部になるのです。

余談ですが、神の衣服をつくる神さまでもあるので、ファッション業界の人もぜひアマテラスにお祈りください。伊勢《いせ》神宮の内宮《ないくう》にお祭りされています。

「信長の失敗と家康の成功」その違いは神社のあつかい方にあり！

神さまは人間が創造したスピリット（意思と目的をもった意識）であり、祈る人々を通してこの世（現実）にコミットする。

このことをよく理解していたのが徳川家康でした。

戦国時代に生まれ、天下を取った徳川家康は、死後、神社に祭られ「東照大権現」という神さまになりました。

家康は人間も神さまになれることを理解していたようで、自分が神さま化できるよう、意識的に行動していました。

家康が自分を神さま化しようとした理由は、死後も日本に影響をおよぼしつづけることができるから。

神さまになれば、徳川家の天下を維持強化するために、死後もこの世に働きかけられる、と本気で考えていたようです。

ここまで読みすすめてこられた方ならば、あながちバカげた妄想でもないことがおわかりいただけるでしょう。事実、**徳川家の天下は260年以上続きました。**

かつての日本では、神さまは氏族の祖先でした。氏族とは共通の祖先をもつ血縁集団です。

物部氏の祖先・神さまはニギハヤヒノミコト、中臣《なかとみ》氏はアメノコヤネノミコト、忌《いん》部《べ》氏はフトダマノミコト、そして天皇家はアマテラスオオミカミなど、氏族の人間は、それぞれの神さまに祈りをささげていました。

祈る力は、氏族にとって競争力の源泉だったということですね。

神さまの意思とは、祈る人々の意思の集合体です。

もし特定の集団だけ祈る神さまがいれば、その神さまはその集団のためにだけ働きます。

氏族の神さま「氏神《うじがみ》」の場合、神さまの意思とは氏族の人々の集合意思です。

氏神の力とは、氏族の人々の祈りの力だったのです。

徳川家にとって、「東照大権現」という神さまを「新たに」創造したことは、大きな意味をもっていたことがおわかりいただけたのではないでしょうか。

家康は、徳川家のための祈りを集合する神さまが必要と考え、自身を徳川の氏神としたのです。

家の初代は神さまになる資格があるのは、日本の伝統です。

家康は、もともとの名字であった松平家の神さまにはなれませんが、徳川家の神さまにはなれるのです。

家康が神社のあつかい方にきわめて長《た》けていた一方、あつかい方を間違えて滅亡してしまったのが、家康の先輩格である織田信長《のぶなが》でした。

戦国時代でいちばんの人気者で、天下統一をなしとげかけた信長ですが、日本人はみなよく知っているように、本能寺の変で明智光秀《あけちみつひで》に討たれてしまいました。

どうして信長は、権力の絶頂であっけなく死んでしまったのでしょうか。

その要因は、ある神社のあつかい方を大きく間違えたことにあります。

そして**家康は、信長があつかいを間違えたこの神社を適切にあつかったことで、その後、大きく勢力をのばした**のです。

その神社とは諏訪《すわ》大社。上社・本宮、上社・前宮、下社・秋宮、下社・春宮と、4つの社殿に分かれる日本最古の神社のひとつです。

諏訪大社に祭られるタケミナカタノカミは、日本を代表する戦いの神です。

信長はいったいなにをしたのか。

それは、織田家が武田家を追いつめていた天正10（1582）年3月3日のことでした。

信長の嫡男・信忠《のぶただ》の率いる軍勢は、なんと**武田家が熱心に信仰していた諏訪大社上社・本宮を焼き討ちし、上社・本宮の建物をすべて灰にしてしまった**のです。

信長といえば延暦寺の焼き討ちが有名で、そのときにさきに紹介した延暦寺の守護神・日吉大社を焼きました。しかし、それだけでなく諏訪大社も燃やしていたのです。

ほんと、めちゃくちゃしますよね（汗）。

ところが、ここからおかしなことになります。3月11日に武田家は滅亡、19日に信長は上諏訪入りし、上社・本宮に隣接するお寺「法華寺《ほつけじ》」に陣取りました。

このお寺で、信長は本能寺の変の直接の原因ともいわれる事件を起こしたのです。

同じく武田軍と戦いに来ていた重臣の明智光秀の言動に信長は怒りをいだき、諸将が居並ぶ前で光秀を殴り蹴り、頭を手すりに押し付けたのです。みなの前で光秀は信長に大恥をかかされたわけです。

それから3か月もたたない6月2日未明、信長は京都の本能寺において、光秀の軍勢にあっけなく殺されてしまいました。同じく信忠も光秀軍と戦い討死にします。

そして光秀も6月13日に羽柴秀吉《はしばひでよし》（のちの豊臣《とよとみ》秀吉）と戦い、逃げる途中農民に殺されてしまいました。

神社は人々の祈りの集合体です。

諏訪大社のような歴史ある大きな神社には、それだけ膨大な祈りが積み重なっています。

祈りというと聞こえはよいですが、みなさんよくご承知のように、神社で

の願いごとはなにも善良な思いだけではありません。

さまざまな欲望やうらみつらみの「はけ口」にもなっています。まして諏訪大社は戦いの神。相当に攻撃的な願いが多いです。


そんな**自身の魔・邪気を「封じ込めておく」のも神社の役割。**

とくに諏訪大社は、社殿の四隅を御柱《おんばしら》という高い木の柱で囲む構造のため、人々の内なる魔を封じ込める力は、日本でもっとも強力です。

それを焼いたということは、**人々の内なる「魔」を野放しにした**ということ。

神社を焼いた信長・信忠親子、そして明智光秀も、普段なら抑えられるネガティブで攻撃的な想念が抑えられなくなり、そろって滅亡の道を歩みました。

天下人はやっている「見えない世界」を味方につけ大きく成功する方法

信長は神社の力を知らなかったわけではありません。

有名な桶狭間《おけはざま》の戦いでは、熱田神宮にお参りしてから戦いに向かい、10倍の兵数がいる相手に大勝利しました。

また織田家とゆかりの深い津島神社（愛知県）や劔《つるぎ》神社（福井県）は、非常に大事にしていました。

ちゃんと特定の神社を信仰し、その恩恵をえていたのです。

だからこそ、自分にとって手強《てごわ》い敵であった武田家や延暦寺が信仰する神さまを、焼き滅ぼそうとしたのです。**敵に味方していた存在は、たとえ神さままでも許せなかったのでしょう。**

一方、家康はどうだったか。

信長の死後、諏訪の地は家康が支配し、諏訪大社上社・本宮は復興の道を歩みます。諏訪大社の最古の建物は１６０８年に家康がプレゼントした門で、かなり手厚くサポートした様子が見てとれます。

それだけではありません。家康は滅亡した武田家の家臣を数多く召し抱え、最後の武田家トップとなった武田勝頼《かつより》をとむらうお寺を建てるなど、武田家関係者にかなりの配慮をしました。

さらに武田家以前に諏訪を治め、諏訪大社の神官でもあった諏訪家に対してもかなりの配慮をしています。

こうして**家康は「最強の軍神・諏訪大社の神さまを味方につけた」**のです。

諏訪大社の神さまがもつ「（自身の）魔を封じ込める力」は、家康の天下取りに大いに役立ったことでしょう。


神さまを味方につける方法は、他の参拝者たちを味方につけることです。

生きている参拝者はもちろんのこと、いまは亡き過去の参拝者たちもふくめてです。故人の祈りも神社に残り、神さまの大いなる一部になっているからです。

もちろん自分自身が熱心にお参りして神さまの一部になることも重要です。

普通はそれで十分ですが、**大きく成功しようとする人は、それだけでは不十分です。**大きく成功するには、それだけ多くの人のサポートが必要だからです。

ちなみに豊臣秀吉も神社の秘密をかなり理解していました。

信長が焼いた日吉大社を再建し、秀吉は天下を統一しています。

家康にしろ秀吉にしろ、信長が焼いた神社を再建した人物が天下人になっているのです。

これは偶然ではありません。

日吉大社は京都の東北「鬼門」を守る比叡山の神さま。鬼門とは魔が侵入する方角です。

京の都の人たちは、自分たちを守ってくれる神さまに多くの祈りをささげていました。だから秀吉は、いまでも京都で人気があるのです。

ちなみに、もし信長が日吉大社を焼かずにいれば、少なくとも京都での討死はまぬがれたでしょう。

日吉大社が焼失していたため、諏訪大社から解き放たれた魔が京都に侵入するのを防げなかったのです。

秀吉は死後、「豊国大明神」という神になります。

本当は「新八幡《はちまん》」になろうとしたようですが、それは朝廷に却下されました。

八幡神は武士でもっとも権威がある源氏の氏神さま。**日本最大にして最高の武士の祈りの集合体**です。

その八幡神に自分がなろうとしたということは、秀吉は「見えない世界でも」武士のトップに立とうとしたのです。ですが、それはちょっと調子に乗りすぎで、武士の集合意識「八幡神」という味方はえられませんでした。

結果、徳川家の天下になり豊臣家は滅亡します。

神としての秀吉「豊国大明神」は、表向きは消滅しましたが、日吉大社の神を祭る京都の新日吉《いまひえ》神宮で、ひそかに祭られつづけました。

そして徳川家が天皇家に政権を返上すると、秀吉の名誉も晴れて復活します。

家康と秀吉、徳川家と豊臣家の争いは、こんな「見えない世界」にまでおよんでいたのですね。

このように**国全体を治めるような人物は、神さまや故人など目に見えない世界まで治める必要があります。**

それがわからない人は、たとえ現代でもなかなか偉くなれないし、偉くなっても続かないものなのです。

政治家と神社のただならぬ関係

現代の政治家を例に取ると、バリバリご活躍中の方々なので生々しい話になります。

しかしそれも面白いでしょうから、ここでおひとり取り上げましょう。

麻生《あそう》太郎氏です。元・総理大臣で、本原稿を書いている２０１５年12月時点で、安《あ》倍《べ》内閣の副総理・財務大臣・金融担当大臣をつとめられています。

総務大臣や外務大臣、自民党幹事長など数々の重要ポストも経験し、政治家としてもっとも成功した人のひとりでしょう。

この**麻生氏が総理大臣になれたのは、ある北海道の神社に参拝したからです。**

あ、僕の勝手な推測ですよ（笑）。

その北海道の神社とは**小樽**《おたる》**市の龍宮**《りゅうぐう》**神社。**

幕末・明治時代に活躍した榎本武揚《えのもとたけあき》が1869年に建てました。旧・江戸幕府の海軍指揮官として、箱館《はこだて》の五稜郭《ごりょうかく》で明治政府と戦ったあの榎本武揚です。

生き残った榎本は、北海道の開拓に貢献するかたわら、明治政府との戦いに負けた旧・会津藩士の生活を助けるために、この小樽の地に数多くの旧・会津藩士を移住させました。

一方、**麻生氏は大久保利通**《としみち》**の子孫**です。

大久保利通は、会津藩を滅ぼした明治政府の中心人物でした。

旧・会津藩士の子孫が住む小樽と、会津藩を滅ぼした人物の子孫である麻生氏。

歴史をさかのぼると敵対関係だったわけです。

そんな背景のもと麻生氏が龍宮神社に参拝したのは、2008年8月9日です。

麻生氏はこの年の8月1日に自民党の幹事長に就任していました。幹事長といえば自民党のナンバー2、党の責任者です。

その麻生氏の全国講演ツアー第1回がなぜか小樽。幹事長になったばかりのあわただしい時期でした。

「榎本武揚の神社を参拝したい」と希望した麻生氏は、講演の前に龍宮神社を訪れます。

そして出世と勝運を祈願し、記念に木まで植えていきました。

それから1か月もたたないうちに、麻生氏の運命は激変します。

8月2日に改造内閣を発足させた当時の福田康夫《やすお》総理が、9月1日に総理大臣および自民党総裁を辞任すると表明したのです。

改造内閣発足から1か月もたっておらず、病気など特別な事情もない中での「まさか」の辞任でした。

そしてつぎの自民党総裁・総理大臣に選ばれたのが麻生氏でした。

これまで自民党総裁選に3度負けた麻生氏でしたが、4度目の挑戦は圧勝。

9月22日に自民党総裁に選出、24日に総理大臣に指名されたのです。

麻生氏が総理大臣になれた最後のひと押し。

それが僕は**「ご先祖様の敵との和解」、すなわち龍宮神社への参拝にあった**ととらえています。

この時期に小樽で講演することになったのは偶然です。

しかし、そこで榎本武揚が建てた神社に行こうと思ったのは麻生氏の意思です。

明治政府になって、旧・会津藩士はさんざんな目にあいました。

旧・会津藩士の多くは、明治政府や大久保利通をうらんでいたことでしょう。

しかしときの経過とともに、住む人たちの意識も変わります。もはや旧・会津藩士の子孫と大久保利通の子孫が戦争をする理由はありません。

麻生氏は龍宮神社に参拝することで、旧・会津藩士など「明治政府と敵対した人たち」の祈りの集合体を味方につけました。

これまで味方にいなかった神さまグループが味方するようになったのです。

小樽の神さまサイドにとっても、これまで接点のなかった「明治政府の流れをくむ人たち」を通して日本にコミットすることが可能になります。

２０１５年に75歳になった麻生氏ですが、いまだ権力の中心にいます。

麻生太郎という政治家に、神さまもまだまだ頼みたいことがあるようです。

え!?　このデータはマジなの?
神社は愛の生産工場だった!

さて、今度は統計データから神社を見ます。

統計学とスピリチュアル、じつは共通点があります。

それは権威だの理論だのがなにを言おうと、「事実はこうなんですよ！」と突きつけられるものだというところです。

スピリチュアルの場合は霊的な能力で示し、統計学の場合は、大量データで示すわけですね。

「スピリチュアルは事実なんですか？」と突っ込む人もいるでしょう。

はい、事実です。ただし「個人にとって」の事実です。

誰がなんと言おうと、私にとっての真実があり、私とあなたの間で通じる真実があります。それはスピリチュアルな領域です。

一方、**統計学は、「万人にとって」の事実**です。

個人によっては当てはまらない人もいるけれども、全体的な傾向としてはこうだよ、ということを示してくれます。

僕が大学院で統計学にふれて「面白いなあ」と思ったのは、自分の思い込みをクルりとひっくり返されるところです。

「ほお～、そう来たか！」とデータ分析の結果にワクワクするのです。

そして**神社に関しても、僕は統計学でクルリと思い込みをひっくり返された**のでした。

いや、それだけ衝撃を受けた学術論文があったのですよ。

「神社には成功と幸福を実現するなにかがある」

そう確信するだけの統計データが、ある論文で示されていたのです。

その論文のタイトルは『「地域風土」への移動途上接触が「地域愛着」に及ぼす影響に関する研究』。

すみません、一般的には小難しすぎますよね（汗）。当時、東京工業大学大学院に在籍していた鈴木春菜・藤井聡両氏が２００８年に土木学会で発表した研究です。

タイトルはわかりにくいですが、結論はすごくシンプルでした。

それは「神社は、愛を生むよ」ということ。**「神社・お寺」がある地域は、ない地域に比べて、人は地域に愛着をもちやすい**という結論でした。

そして、「そんな愛を生む効果があるものは他にはないよ、神社・お寺だけだよ」

ということでした。これは統計データが語る真実です。

論文では、「神社・お寺」以外に、公園、コンビニ、スーパーマーケット、川・池、田んぼ・畑、古くから残る街並み、林・森、観光地、ファミレス、ゲームセンター・パチンコ店、公民館、商店街、鉄道の駅、大型ショッピングセンターなどについて調査しました。

その結果、「公園」だけは、「神社・お寺」ほどではありませんが、愛を生む効果がありそうでした。しかし他のものは、あってもなくても、人々の地域への愛は変わりませんでした。

つまり**神社は愛の生産工場**なのです。

そしてこの「愛」こそが成功を導きます。

なぜなら、**愛は人のパフォーマンスを高める効果がある**からです。

社会心理学者の引地博之氏による「愛着」に関する論文を読むと、統計データでつぎの因果関係を導き出しています。

「知る」→「愛する」→「貢献する」です。

人はなにかのポジティブな情報を知れば知るほど、愛がわいてきます。

そして**愛が高まるほど、そのなにかに協力しよう、貢献しようという意欲もわいてくるのです。**


この「なにかに貢献しよう」という意欲は、「コミットメント」といいます。

某スポーツクラブのテレビＣＭで「結果にコミットする」というキャッチコピーがありますが、あれです。人は愛を知ると、結果にコミットしようとするのです（笑←いやマジな話）。


じつはこのコミットメントこそ、心理学的には「成功のカギ」です。

ひょっとすると、親の財産をのぞくと、ただひとつの成功のカギかもしれません。

コミットメントが高まると、企業では社員のパフォーマンスや生産性が向上し、欠勤や遅刻が減少します。

心理学の文献データベースをひもとくと、コミットメントを論じる文献がなんと

4000件以上もあります。それだけ専門家の間では「組織の成功のカギ」だと広く知れわたっているのですね。

「知る」→「愛する」→「貢献する」→「パフォーマンスが向上する」のです。

じつは学校教育も同じで、1960年代にアメリカ政府が実施した教育の実態調査によると、子どもの学力アップに効果があったのは2つのコミットメントでした。

それは、学校をふくむ教育環境（家族・友人）へのコミットメント、そして自分の人生へのコミットメントです。

教師のスキルや教材、教育カリキュラムは、学力アップにほとんど関係がありませんでした。

経営も教育も、つきつめれば「愛」と「コミットメント」です。

神社に行くとその両方が高まります。だから成功につながるのです。

祈りは「意宣り」、意思を宣言する行為でした。

「家内安全」を祈れば、それは「わたしは家族の安全にコミットする」という宣言ですし、「心願成就」を祈れば、「自分の人生にコミットする」という宣言になります。

神社で「◯◯にコミット」しましょう！

統計学で「神社とお金と幸せ」の関係を調べたら

「そうか、神社で愛が生まれ、コミットメントが高まるのか〜。だから幸せにも成功にもつながるのか〜」と僕的には納得したのですが、そうすると、もっと直接的なことも分析してみたいなと思いました。

そう、お金と幸せです。**「神社とお金と幸せ」の関係**を分析したくなりました。

しかし残念ながら、そのような統計データは世の中にないようです。

そこで！　学者の強み、自分で統計データを集めてみました。

楽天リサーチさんに依頼して、**「神社への1年間の参拝回数」と「年収」と「幸福度」にどのような関係があるのか**アンケート調査を行ないました。2015年8月21日のことです。

調査対象は、40代400名で、男性と女性をそれぞれ200名ずつ、4つの年収別にそれぞれ100名ずつ集めました。4つの年収は、つぎの通りです。

・500万円未満
・500万円以上~1000万円未満
・1000万円以上~1500万円未満
・1500万円以上

幸福度はアンケート項目「現在、幸福だと思う」に対し、つぎの5段階で自己評価してもらいました。

「1：まったく当てはまらない　2：あまり当てはまらない　3：どちらともいえな

い　４：やや当てはまる　５：よく当てはまる」

そして、「神社への1年間の参拝回数」と「年収」と「幸福度」の３つの数値関係をグラフにしてみました。幸福になりたい方、つぎのページをよく見てください。

「あなたは年収１０００万円以上稼ぐことを選びますか？　それとも神社に年間３～６回行くことを選びますか？　どちらも同じくらい幸福ですよ！」とグラフは示しています。

じつはグラフでは表現しきれないのですが、年２回の神社参拝も、年３～６回の神社参拝の人と幸福度は同じ。

ということは、**年2回は神社に参拝しておけば、年収1000万円以上～1500万円未満の人程度には幸福になれる！**　ということなのです。

そして**参拝回数がゼロの人たちの幸福度はいちばん低い**です。

ちょうど年収５００万円未満の人たちと同程度ですね。

参拝回数と幸福度の関係

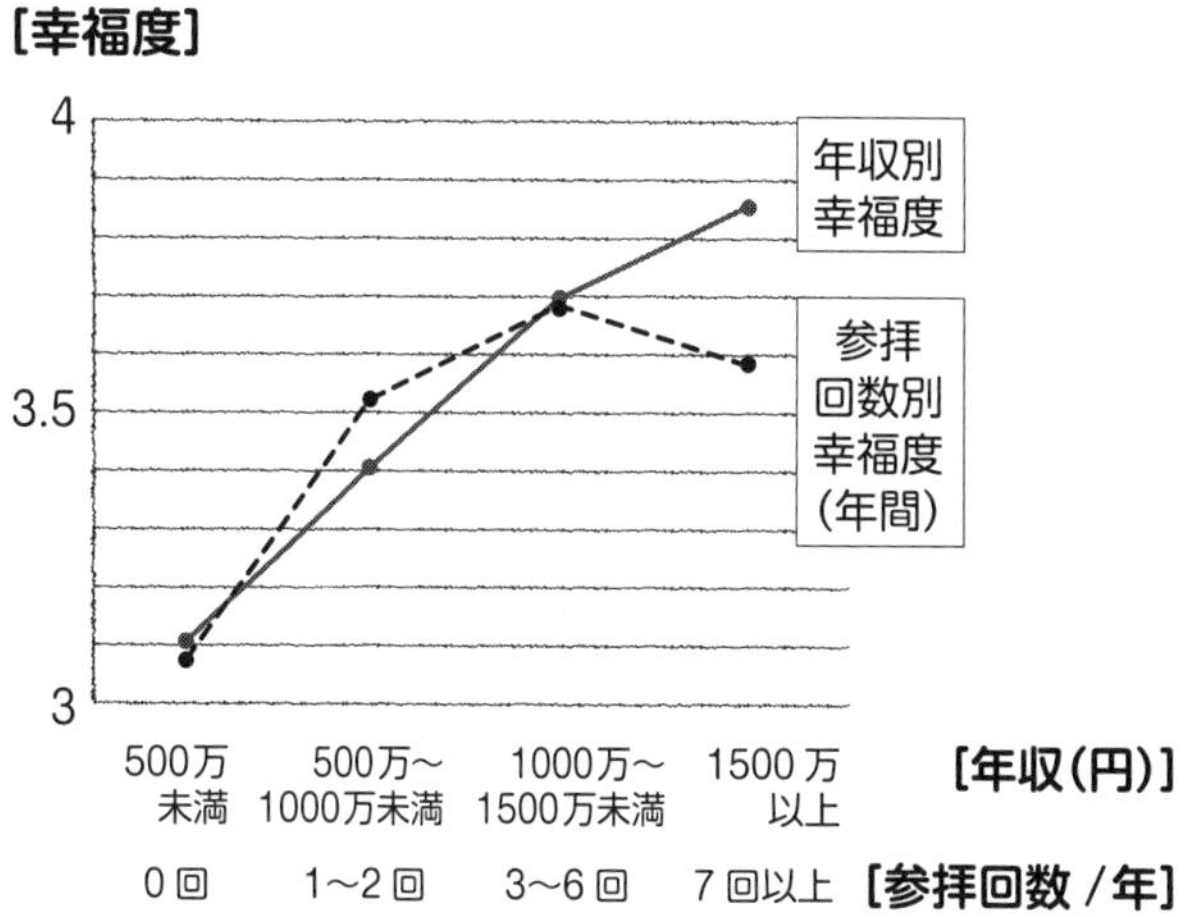

グラフを見ると、**幸せへの神社参拝の効果、相当高い**ことがわかりますよね！

ただ、年収と違うのは、回数を行けば行くほどよいわけでもない点です。それは年間7回以上参拝する人たちの幸福度は、むしろ低下することから見てとれます。

なぜ低下するのかは、データからはなんとも言えませんが、あまりにも熱心に祈りすぎると、風が吹かなかった先客男性のように、神さまが入ってくるスキマが生まれないのかもしれませんね。

犬の散歩のついでのような、日課のように自然と参拝するくらいがよいですね。

もうひとつ紹介したいグラフがあります。85ページです。

4つの年収別に、「神社への1年間の参拝回数」と「幸福度」の関係を表したグラフです。

まず注目してほしいのは、**参拝回数がゼロの人たち。どの年収別で見ても、参拝している人たちに比べて、あきらかに幸福度が低い**です。

年収が高くなると、当然幸福度も高くなります。

年収1500万円以上が、いちばん幸福度が高いですね。

しかし**神社に参拝しないお金持ちは、あまり幸せそうじゃない**ですね。

神社に年2〜3回参拝する年収500万円未満の人のほうが、参拝しない年収1500万円以上の人よりも幸福なのです。

つまり、こういうことです。

・高収入と幸福が両立する人は、神社に参拝している
・収入に関係なく、神社に参拝すると幸福になりやすい

年収500万円以上〜1000万円未満の人たちを見てください。神社に年4回以上参拝する人たちは、年収1500万円以上の人たちと同じくらい幸福です。

もちろんお金持ちになることは、幸福につながります。しかし**お金持ちになるのと同等以上に、神社に参拝することは幸福につながるのです。**

もしあなたが幸せになりたいならば、年収1000万円以上稼ぐことと、神社に年2回参拝すること、どちらがやりやすいですか？

もしあなたがお金持ちならば、たくさんの悩みや不安をかかえ、こんなはずじゃなかったと思っていませんか？

神社には人を幸せにする仕組みがあるのです。

参拝回数と年収と幸福度の関係

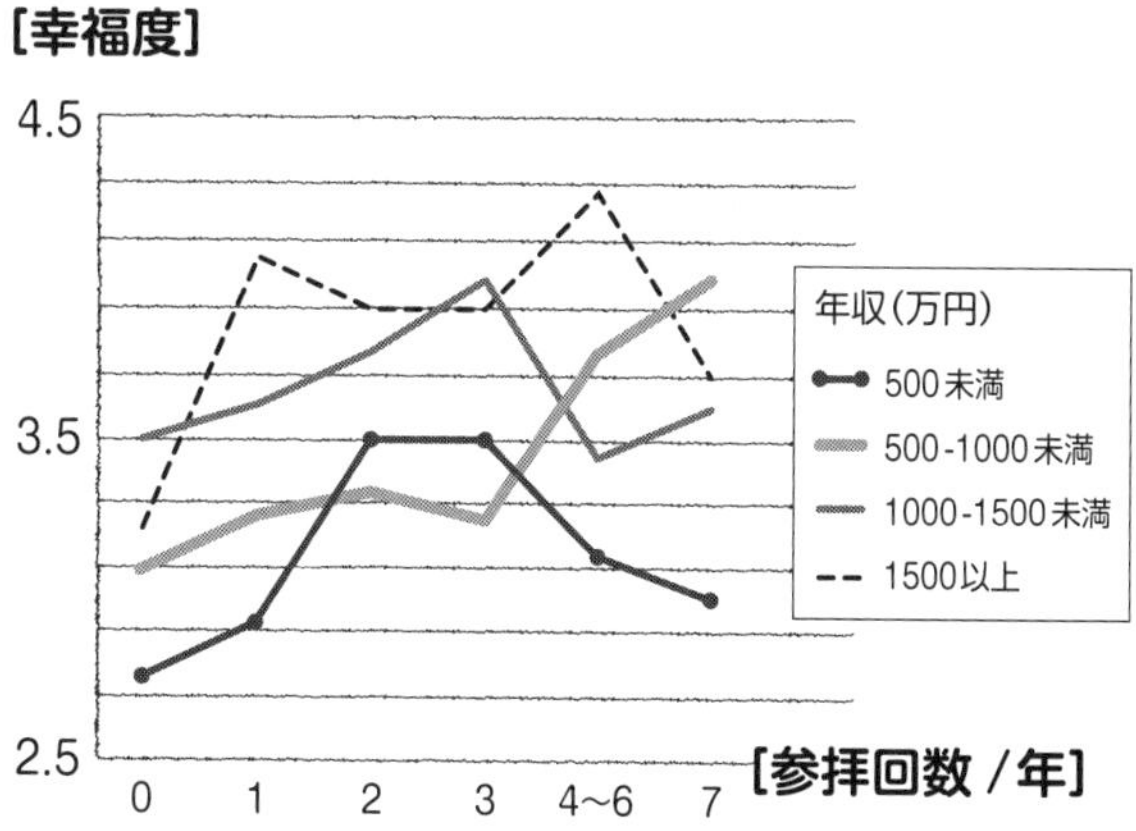

世界のホンダはデザインに神社を取り入れた

ここまでは統計学で全体の傾向を見てきましたが、つぎに成功した企業や個人の事例を見てみましょう。

じつは**世界的に成功した日本人・日本企業には、神社の哲学が深く関わっているのです。**

たとえばオートバイです。

日本の工業製品は高品質というブランドイメージがあり、世界中に輸出されていますよね。

また、そのブランドイメージの代表が自動車でしょう。

じつは日本が世界に自動車の輸出をできるようになったのは、本田技研工業株式会社（以下ホンダ）の創業者・**本田宗一郎がオートバイのデザインに神社のイメージを取**

り入れたからでした。

昭和32（1957）年10月に発売されたドリームC70は、ホンダ初の2気筒エンジンのオートバイで、そのデザインのモチーフが神社だったのです。

鳥居をイメージしたこの角張ったデザインは、本田宗一郎の指示です。

「輸出するには、欧米のコピーではダメだ」

ホンダのねらいはアメリカへの輸出でした。

世界に輸出するには、独自のデザインを打ち出す必要があると考えた**本田宗一郎は、京都や奈良を10日間ほど旅し、神社や仏像からインスピレーションをえた**のです。

ちなみに本田宗一郎によると「ドリームC70のタンク側面のエッジは、仏像の眉から鼻にかけての線を頭に描きながらデザインした」そうです。

「神社仏閣スタイル」と呼ばれたこの日本独自のデザインにより、アメリカへのオートバイや自動車の輸出がはじまり、経済大国・日本のさきがけとなりました。

経営の神さま・松下幸之助は龍神の力を借りた

神社と日本企業といえば、この方も外せないです。経営の神さまといわれる松下電器産業（現・パナソニック）の創業者・松下幸之助です。

幸之助は、神社仏閣への寄付にたいへん熱心で、京都の石清水八幡宮《いわしみずはちまんぐう》で氏子総代（神社をお祭りする人の代表者）をつとめ、東京の神田明神には随新門《ずいしんもん》の左右にある2体の随神像と舞殿を寄進。

ご本人が病気のときに通った浅草寺には治ったお礼にと、あの有名な雷門と雷門にかかる大提灯《おおぢょうちん》を寄進。

三重県の椿大神社《つばきおおかみやしろ》には松下幸之助社というご本人を祭る神社まであり、本当に「経営の神さま」になってしまいました。

これだけでも「成功する人は、信仰心があつい」と思われるでしょうが、**松下幸之助のさらに面白いのは会社経営に神社をもちこんだ**ところです。

このあたりは、日本大学経済学部の三井泉教授の論文『会社における「聖なる空間」』にくわしいのですが、かんたんにお話しすると、幸之助は会社の中に自前の神社をつくって、社員の「祈りの場」としたのです。

まず大正7（1918）年の会社設立時に、幸之助の生家でお祭りしていた「白龍大明神」を祭ります。

昭和8（1933）年の本社移転とともに白龍大明神も移転し、そして昭和10年に分社した松下電工（現・パナソニック電工）に黒龍大明神を、昭和11年に松下電器の電極工場に青龍大明神を、自転車工場に赤龍大明神を、豊崎工場に黄龍大明神をそれぞれお祭りしました。

このように、**パナソニックグループの守護神として、龍神はいまでも100か所ほどに祭られています。**

これら5色の龍神以外にもパナソニックの事業所ではさまざまな龍神をお祭りしており、**毎月1回、守護神を拝む月例祭を行なっています。**

社長退任後、幸之助は「根源社《こんげんのやしろ》」という神社をモデルにした独自の祈りの空間をつくりました。

根源社はパナソニック本社、PHP研究所、京都東山の別邸の3か所に建てられ、**幸之助はいつも「感謝と素直」を祈った**そうです。

ここまで本書を読んだ方であれば、パナソニックが龍神を社内にたくさんお祭りしていることの意味がおわかりになるのではないでしょうか。

神社は愛の生産工場で、そして貢献（コミット）する人を増やすのでしたね。

もし会社に祈りの場があれば、〝当然〟社員に職場への愛着が生まれ、そして、愛着ある職場に貢献する行動も増えるのです。

さきに紹介した統計分析では、地域に神社・お寺があれば、その地域への愛着が生まれ、地域に貢献する行動も増えました。地域も職場も同じことなのです。

人工知能にはできない！「祈る力」の時代がやってきた

ここまで統計データや歴史から、神社が世の中にどのような効果をもたらすのか、成功した人たちがどのように神社と関わってきたのか見てきました。

もちろんお気づきのように、お寺にも同じような効果があります。神社、お寺、パナソニックの根源社と龍神社、どれも人々が「祈り」をささげる場です。

この**「祈る力」が、成功や幸せ、企業経営や社会の統治に大きな役割をはたしてきました。**

古代の日本は、天皇家をはじめ有力な一族は、自分たちのご先祖様を神として祭る神社を建て、それぞれの祈る力を競い合っていた時代でした。

じつは、科学技術がますます発展する21世紀において、**この「祈る力」が、これからもっとも大事なスキルになる**のです。

「科学の時代になに言っているの？」と思われるかもしれません。
しかし**「科学のすすんだ時代だからこそ」祈る力が重要になってきます。**

それを教えてくれたのが２０１３年９月に発表されたオックスフォード大学のマイケル・Ａ・オズボーン准教授とカール・Ｂ・フレイ博士の研究です。

日本語で「雇用の未来」と訳された彼らの論文は、世界中で大きな反響をよびました。


オズボーンとフレイの研究は、７０２種の職業を対象に、10年後にそれぞれの職業が人工知能（ＡＩ）でコンピュータ化できる割合を示したものでした。

人工知能がこれから注目の技術であること、「２０２５年には5割の仕事がＡＩにうばわれてしまう」と聞いたことのある方もいるでしょう。

人工知能とは、人間の知的作業をコンピュータで自動化できるようにしたものです。

ロボット掃除機のルンバはＡＩのわかりやすい例ですね。

コンピュータ化できる割合が高いのは「消える職業」、コンピュータ化できる割合が低いのは「求められる職業」です。

結論は「アメリカのすべての雇用の約47％が、10〜20年後にはコンピュータで自動化されてなくなる危険がある」というものでした。

いったいどのような職業が消え、どのような職業が残るのか、ほんの一部ですが95ページに表にしました。

「消える職業」を見ると、たとえば融資や保険の審査といった、明確な基準と照らし合わせて判断する仕事があります。過去のデータと照らし合わせて処理するのは、ＡＩの得意な仕事です。

電話営業やクレーム処理のような、パターン化・マニュアル化された人間とのやりとりもＡＩがになっていくようです。

では「求められる職業はなにか？」「ＡＩにできない仕事はなにか？」。この問いは、じつはおのずと「人間とはなにか？」という哲学的な問いにいきつきます。

人間にしかできないことってなんでしょう？　前出のオズボーン准教授は、**人間が**

身につけるべきただひとつの能力は「創造性」だと説きます。新しいなにかを発明する能力です。

ただ求められる職業リストを見ると、「創造性」は、もっとも適切なキーワードでしょうか？

もっとも目立つのは、人と接する仕事の中でも「ケア」の必要なもの。ケアとは、世話をする、面倒を見る、関心をもって気づかうなどで、医療・健康・福祉や、子育て・教育・人材育成のキーワードです。

こうした**「人を見守り育てる仕事」が、これから求められる職業**です。

そして**見守り育てるのに必須のスキルが、じつは「祈る力」**なのです。

求められる職業リストは、人から感謝されやすい仕事が目立つと思いませんか。聖職者という祈りそのものの仕事もあります。

いっぽう消える職業リストは、感謝されにくい仕事が多いですよね。たとえばリスト筆頭の電話営業ですが、突然自宅や職場にかかってくる売り込みの電話に、迷惑し

10年後に消える職業と求められる職業

消える職業	求められる職業
電話営業	レクリエーションセラピスト
手縫いの仕立て屋	整備士・修理工の現場監督
保険引受の審査担当	危機管理責任者
時計修理工	聴覚訓練士
税務申告の代行者	作業療法士
データ入力作業員	義肢装具士
銀行の融資担当者	医療ソーシャルワーカー
保険の審査担当者	口腔外科医
スポーツの審判	消防・防災の現場監督
レジ係	栄養士
彫刻師	宿泊施設の支配人
苦情の処理・調査担当	セールスエンジニア
運転する販売員	教育コーディネーター
弁護士秘書	心理学者
モデル	小学校教師
レストランや喫茶店の接客係	臨床心理士・カウンセラー
電話オペレーター	人事マネジャー
不動産ブローカー	保育士
レストランの料理人	聖職者

ている人も多いのではないでしょうか。

感謝は祈りです。松下幸之助は、根源社に「感謝と素直」を祈りました。神社は「神恩感謝」といって、基本はご先祖様である神さまのご恩に感謝を伝える場です。

子どもを育てる、人材を育成する、危ない目にあわないように守る、病んだ人の回復をお手伝いする、ほっとひと息つきたい人にひとときの癒やしを提供する。

どの仕事にも、根底には「祈り」があります。「大丈夫かな」という心配、心配ごとが起きなかったときの「よかった」「ありがとう」という安心と感謝。

科学技術が発展すればするほど、「人間にしかできないことはなにか?」をつきつめていくことになります。その究極が「祈り」なのですね。

つぎの章では、祈りの具体的な技術・方法を、神社を舞台にお伝えしていきます。

知らなきゃもったいない！
神さまとご縁が深まる祈り方のルール

2章

JINJA

神社という場所には秘密がある

神社とはどういう場所なのか、みなさんどこまでご存じでしょうか。

いきなり結論から言うと、**「あの世の私」と「この世の私」の情報共有の場**なのです。

「は～？」と思っていただけたならば、幸いです(笑)。

同じプロジェクトのメンバーは、お互いの状況や考えを共有するために定期的に会議をしますよね。それと同じです。**「私の人生」という名のプロジェクトを成功させるために、あの世の私と出会い、あれやこれやを共有できる場**なのです。

日本神道にそのような教えが伝わっているわけではないので、神社の人に「この本にそう書いてあったのですけど、本当ですか？」って聞かないでくださいね。「はあ？」ってなりますから。でもそういう仕組みになっているのです。つぎの図を見て

J I N J A

神社の基本的なつくり

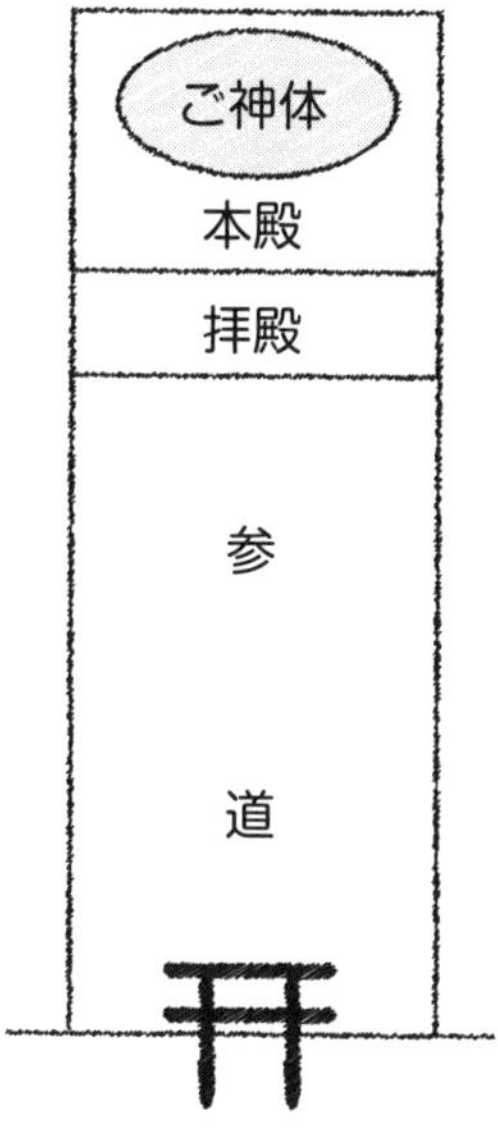

ください。

神社の基本的なつくりです。どこの神社もこんな構造です。

鳥居があり、参道があり、参道をすすむと、みなさんが参拝する拝殿と、その奥に神さまのご神体がある本殿にたどりつきます。拝殿と本殿が一緒の神社も多いです。

ご神体の多くは「鏡」です。鏡であることが、じつは深い意味をもっています。

そして参道とは産道です。どちらも「さんどう」と読みますが、日本の古い言葉は、漢字よりも「読みがな」にポイントがあります。

参道は産道。お母さんから赤ちゃんが生まれるあの産道ですね。

もし参道が産道だとすると、**拝殿へ向かうことは生まれる前の自分に戻ることになります。**

参道が産道なら、本殿は子宮です。**女性は神社を体内にかかえている**わけですね。だから日本神道の最高神は女神で、沖縄では女性が神事を担当するのです。

そして「鏡」があります。鏡にうつるのは誰でしょうか。あなたが日常で使っている鏡を思い浮かべてください。鏡にうつるのはあなた自身の姿ですね。

ご神体の鏡にうつるのは「生まれる前の私」です。産道をたどることで、生まれる前の自分に戻り、そしてその姿を鏡にうつす。これが神社という宗教の本質です。

神社の神さまは「あの世の私」なのです。

あの世からメッセージをもらうための神社のしかけ

あれ、神さまは宇宙人とか死んだ偉い人ではなかったっけ？　と思われるでしょうか。たとえば東照宮の神さまは、神としての徳川家康《いえやす》ではなくて、生まれる前の自分なのでしょうか？　これはＮＯです。

ちょっとややこしいですが、こういうことです。

・鏡＝ご神体＝神社のご祭神（例：東照宮なら神としての徳川家康）
・鏡にうつる私＝あの世の私＝神としての私

つまり、神社のご神体はスクリーンのようなものだと思ってください。

参拝者は、その**神さまスクリーンを通して、拝殿であの世の私と対面するわけです。**

神社のご祭神の役割は、鏡として「あの世の私」と「この世の私」をつなぐことなのです。


そのためには、「営業」もします。神さまの世界でも営業ってあるのですね（笑）。

風に乗って水の流れをつたって、僕が見たようなシャボン玉のような透明ななにかになって、他人の口やマスメディアの力を借りて、「神社に会いに来てよ〜」「来ないならこっちから行っちゃうよ〜」と誘いをかけます。


神社に親しみすぎて不思議なことに敏感になった人の中には、神さまからのお誘いに気づいて、「あ！　私〇〇神社に呼ばれてる！」という感覚をおぼえることも。

そして誘いに乗って神社に足を運ぶと、ご神体を通して「あの世の私」と対面し、**あの世で決めてきた「この世での使命」を無意識に再確認する**のです。あくまで「無意識に」ですよ。

意識すると自然に振る舞えなくなるからです。これ恋愛と一緒（笑）。

神社全体が、あの世とこの世をつなぐ場なのですね。鳥居の外はこの世、鳥居の内があの世です。

「あの世の私ってなに？」と思われるかもしれませんね。

生まれる前に私はどこにいたのか？　そもそもあの世の私が存在しているのか？

もちろん存在しています。

神さまは人間がつくったエネルギー体でしたね。「意思と目的をもった知的生命体」です。

そして神さまは人間の創造物でもありました。人間がなにかに名前をつけて祈ると、神さまとよばれるスピリットが誕生すると。

もう、おわかりじゃないでしょうか。

親がその存在を認識した瞬間に、あなたというスピリットが創造されます。

これが生まれる前の「あの世の私」であり「神としての私」です。

物理的な生命としての誕生は、出産か受精した瞬間でしょうか。しかしスピリットとしては、あなたという存在に誰かがはじめて気づいたときに誕生したのでした。

だから自分の存在を無視されると、スピリットレベルで苦しむのです。

拝殿でお祈りするまでに、神社はさまざまなしかけで参拝客の「罪・けがれ」をキレイにします。これを「祓《はら》い」といいます。スピリットのおそうじです。

おそうじで、不要なものを捨て、収納を整理することで、空きスペースができますよね。それと同じです。とにかく祓って祓って、祓いまくります。

おさいせんも払いますね（笑）。冗談のように書きましたが、**おさいせんも祓いのしかけのひとつ**です。

日本の言葉は、漢字よりも「読みがな」にポイントがあるとさきほどお話ししましたね。

祓うことでスキマをつくります。**祓って祓って神さま（あの世の私）からの情報をしまう空きスペースをつくる**のです。

スキマがあることで、「あの世の私」と「この世の私」が、人生の使命を達成するための情報をスムーズに共有できます。**「祈り」とは「祓い」**なのです。

なぜ、年3回の参拝が重要なのか？

神社とは、あの世とこの世をつなぐ場であり、祓いの仕組みでした。

では、その神社にいったい年に何回参拝すればいいでしょうか。

さきに紹介した楽天リサーチさんで僕が収集したデータを見ると、「幸福度」を高めるには、年2回以上がよいようです。

ただ、本書を読んだ方は、神社に参拝する意識が、読む前とはだいぶ変わっているでしょう。

ですから、**ここで僕は「年3回以上の参拝」をおすすめします。**

なぜ年3回なのか。

それは**「年1回はひとりで参拝し、年1回は家族で参拝し、年1回はとくに大事な仲間と参拝してほしい」**からです。仲間の多い方は、4回、5回と行くことになるでしょう。

まずひとりで参拝してほしいのは、神社は「自分と向き合うには最適の場」だからです。

心静かにひとりで参拝することで、あの世の私と心ゆくまで交流することができます。

家族や職場の一員である前に、私たちはひとりの人間です。自分が「自立」したうえでの家族と仕事でしょう。

その「自立した私」の時間をもつことが、幸せに生きるための大切な土台になります。神社はあなたの自立をしっかりと支えてくれるでしょう。

つぎに家族や仲間との参拝です。

大切な人たちと一緒に参拝することで、お互いのきずなが深まります。

神社は、私たちの祈りをためて共有する「祈りの集合体」です。神さまを通じて、日本の人々は魂の深い部分を共有してきました。

家族や仲間と一緒に参拝することで、そんな言葉にできない見えない部分を、お互いに共有することができます。

一緒に参拝することで、お互いの集合意識を共有できるのです。

親しい人同士でも、言葉にできないことはあるでしょう。

親しいからこそ言いにくいこともあ

る。でも、そんな思いも神社に一緒に参拝することで、神さまが間に立って、うまくやってくれます（笑）。

そうやって、大事な人とのきずなを深めていく。これも縁結びですね。

仲間といってもいろいろあります。

職場の人たちも仲間だし、学生時代の友達、目的を同じくする同志なども当てはまります。

きずなを深めたい仲間とはぜひ参拝してください。

仲間が多いと参拝回数も増えますが、多い分には害はありません。

さらに家族や自分の人生の節目のときもあるでしょう。

そういう「ここぞ！」というときも、ぜひ参拝して決意表明してください。神さまが後押ししてくれますよ。

神さまってあの世の私でもあるのでしょ……？

はい、自分にも感謝しましょうね（笑）。

神さまが「ひいき」をする人、しない人

さて、ここでみなさまに重大なお知らせがあります。

それは……**神さまは「ひいき」します。**

はい。するのです。あの子は歓迎だけど、この子はそうでもないみたいな。

あ、うらまれる心配はないのでご安心を。基本、「愛と情け」の存在ですから。

守ってくれるし、志も高いです。**バチがあたるとか、怒られるとか、妄想する人もいらっしゃいますが、大丈夫。**信長《のぶなが》みたいに神社を燃やすと、わかりませんが（汗）。

でも、愛情の深さには差があります。こいつは応援しがいがある、と思えばたくさ

ん応援してくれます。**神さまにも感情があり、生きる目的があるからです。**

「え？　あの世の私にもひいきされるの??」

はい。「神社のご祭神」と「あの世の私」、両方とも「ひいき」します。

「あの世の私」がひいきする基準は「スキマ」です。魂の空きスペースがどれだけあるのか、「あの世の私」にどれだけ意識が向いているのか。

「あの世の私」からのひいきの度合いは、**「この世の私」と「あの世の私」のシンクロ率**だと思ってください。シンクロしていればいるほど、この世の私の行動は、生まれてきた使命・目的にそっているわけですから、「確信」をもって人生を送れます。

理屈や根拠ぬきに、「これでいいのだ！」と思える絶対的な自信です。

一方、神社のご祭神にはどうすれば「ひいき」されるか？

それは「知る」ことです。

「知る」→「愛する」→「貢献する」→「パフォーマンスが向上する」。この原因と結果のプロセスが、当てはまります。

愛が生まれる原因は「知る」でしたね。

神さまに愛されるには、神さまを知ることです。知ると知られます。知れば知るほど神さまに愛情がわいてきます。あなたも神さまに愛されます。

知ると知られる。愛すると愛される。ポジティブな感情をいだけば、ポジティブな反応が返ってきます。

人間関係だと、嫌うと嫌われるといったネガティブな感情と反応のセットもありますが、神さまにそれはありません。

ポジティブなセットだけ。**ネガティブな感情は、罪・けがれとして祓いの対象となり、神社でおそうじされてしまいます。**だから、ときにはグチや悩みを吐き出してもＯＫ。

「知るって、具体的にどういうこと？」

これは、営業マンが顧客訪問をすることを思い浮かべてください。

当然訪問先がどういう相手なのか調べるでしょう。調べていない人は相手にされません。

神社への参拝も同じことです。

これからどういう神社に参拝しようとしているのか。場所はどこで、お祭りされている神さまは誰で、いつの時代に建てられ、どのような出来事があったのか。ゆかりのある人は誰で、どういった人が参拝しているのか。

どの神社にも歴史があります。また神社は土地の守り神として地域密着型の経営です。ですから周辺の地域について知るのもよいでしょう。

たとえば東京の「渋谷の神さま」といえば、金王八幡宮《こんのうはちまんぐう》です。渋谷の地名は、この地を支配した武士が、堀河天皇から「渋谷」という姓をたまわったことに由来します。その渋谷家の代々の守り神が金王八幡宮でした。

渋谷で長い時間をすごす人は、この神社に行くことです。いやマジですよ?

ほんの少しの予習で「神の風」の吹きぐあいが全然違う！

神社は人々の祈りの集合体です。それも生きている人の祈りだけではありません。神社が建てられて以来、これまで祈り支えてきた人々の思いが積み重なっています。

この**積み重なった祈りを集合意識といいます。**

歴史を知ることは、この神社の集合意識を知ることです。

そのうえでお祈りすると、自分もその集合意識の一部になります。その神社の仲間になれるわけですね。

ですから、**歴史をかんたんにでも知っていると、参拝したときの「神の風」の吹きぐあいが全然違いますよ。**神社の歴史を知ることは、昔の人々と、見えない次元で思いを共有することなのです。

歴史を知るといっても、なにもたくさん予習をしていけとはいいません。

神社に行けばその由来がどこかに書かれています。

それをざっと読めばいいでしょう。神社検定を受けるわけではありませんから、暗記はしなくともいいです。


さきに紹介した麻生《あそう》太郎元・総理大臣（現・副総理）も、小樽《おたる》の龍宮《りゅうぐう》神社は、榎本《えのもと》武揚《たけあき》が建てたということを知ったうえで参拝し、そして総理大臣になりました。

徳川家康は諏訪《すわ》大社をあつく信仰してきた人たちを大事にあつかいました。

神社を建てた人も、あつく信仰してきた人たちも、神社の神さまの大いなる一部だからです。彼らの祈りが、神さまそのものだからです。

「神さまにひいきされる」というと、その神さまだけを意識するかもしれませんが、そうではないということです。
その**神さまに祈りをささげてきた人々に思いを寄せることが、神さまにひいきされる秘けつです。**子どもに親切にすると、親から感謝されるみたいなものです。

このことを応用して、僕自身ひとつ心がけていることがあります。

それは**「はじめて行く神社は、地元の人と行く」**ということ。可能であれば、です。

やっぱり地元っ子って、その土地の神さまに愛されているのですよ。

とくにひいきされているわけですね。

それにあやかるわけじゃありませんが、その地元の人と仲良くすると、その土地の神さまとも仲良くなりやすいのです。

だから、**「神社は地元の人と行け」**と。

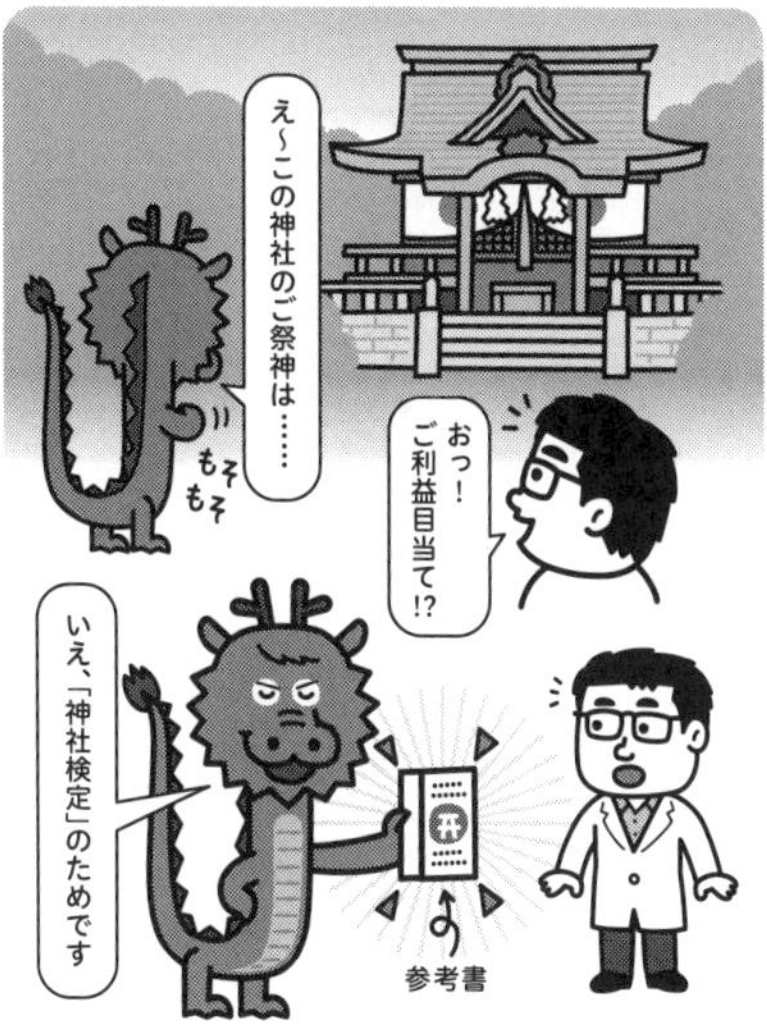

もちろんみなさんそれぞれに地元の神社があります。

いま住んでいる場所、生まれた場所、長年通った学校や勤務先のある場所、それぞれに神社があるでしょう。

そんな地理的にご縁の深い神社は、きっとあなたを、よそ者よりもひいきにしてくれますよ。

これでもかというほど挫折している神々さまの「ご神徳」

成功とは「功を成すこと」。神社は人々の成功を応援してくれます。

しかし万能ではありません。得意分野があるのですね。

その得意分野を「ご神徳」といいます。

人々から見れば、神さまが与えてくれる「ご利益」であり、神さまから見ればおのおのの使命です。

たとえば天満宮の「天神さま」は学問の神として、「学問の発展」「学業の成就」を使命とします。

この**「ご神徳」がどのようにして生まれるのかを理解することが、成功のカギです。**

ご神徳は「挫折」と「後悔」から生まれます。

たとえば静岡県の秋葉山に祭られる火の神さまカグツチは、「火伏せ」といって火災を防ぐご神徳があります。

火事を防いだことでもあるのかと思いきや、神話ではなんと、生まれたときに母神イザナミに火傷《やけど》をおわせて、それがもとでイザナミは死んでしまいます。

火を生んだため、大事なところがえらいことになったわけです。

で、怒った父神イザナギに剣で首をはねられ、カグツチ死亡（泣）。

自分のせいで母を死なせ、そして父に殺される。**これでもかというくらい、厄災にあっているカグツチです。**

そしてイザナミがカグツチを産んだとされる場所（三重県熊野市）には「産田神《うぶた》

社」があり、母神イザナミが祭られているのですが、そこのご神徳は「安産」……。
ぶ、ぶじに産まれたといっていいのでしょうか（汗）。

まだまだ例はあります。織田信長に焼かれ、徳川家康が再建した「諏訪大社」です。こちらは日本一の軍神として、名将・武田信玄も合戦のたびに戦勝祈願をしました。そんな諏訪大社の神さま・タケミナカタノカミは、はたしてどんなヒーローだったのかというと、はい、もう想像できますね。

「惨敗」しています。これでもかというほど徹底的に負けました。

『古事記』の中で、国ゆずりの神話というのがありまして、鹿島神宮・春日《かすが》大社などに祭られる神さま・タケミカヅチが、日本を支配するオオクニヌシノミコトに「おまえの国をゆずれ（アマテラスの子に差し出せ）」とせまる場面があります。

はい、そうですかとはなりません。オオクニヌシの息子のひとりであったタケミナカタは、タケミカヅチと力比べをしました。

その結果どうなったか。両腕を引きちぎられ投げ飛ばされてしまいます（泣）。

そして諏訪湖まで追いつめられ殺されかけたところ、「この地から出ない」「おとなしく従う」「国はアマテラスオオミカミの子に献上する」と約束して、諏訪大社の神さまになりました。

『キン肉マン』（ゆでたまご著／集英社）でいえば、スペシャルマンさんやカナディアンマンさんのようなやられっぷりです（わからない人すみません）。

「どこが軍神やねん！」とツッコミを入れたくなりますが、日本神道では、だからこそ神さまなのです。

ご神徳は「挫折」と「後悔」から生まれると書きました。

挫折してさんざんな目にあい、そしてこう願います。

「のちの人たちには自分と同じ目にあってほしくない！」

そう深く後悔する心が「神さまの徳」です。

人間でもありますよね。「私はこんな苦労をした。だからあなたにはそんな苦労をさせません」と、なにかの職業についたり、事業をはじめたりする人たちが。

これはまさしく、ご神徳と同じことです。

あなたはどんな挫折や後悔をかかえていますか？　それが成功のカギです。

あなたと同じ思いをもった神さまを見つけて祈ってください。


神さまの使命は、自分が味わった不幸や災難から人々を守ることです。

人間の立場としては、まず「守ってもらいたい」と思ってしまいますね。

しかし**「成功したい」のであれば、守ってもらうだけでなく、他者を守る側にまわることが必要になってきます。**

他者を守るということは、神さまと使命を同じくするということ。

神さまを自分のスキマの中に招き入れて、使命を共有しましょう。


神さまがどんな使命をもっているか。

それを知る手がかりが、「ご神徳」であり「ご利益」でした。

さあ、あなたはどんな使命をおもちでしょうか。

神さまとその「お志」を共有してください。必ず応援してくれますよ。

ガラッと変身しちゃうかも!?
パワースポットは境界にあり

神社といえばパワースポットというイメージをおもちの方も多いでしょう。

その通りです。神社の多くはパワースポットです。

ではパワースポットとはなんなのか?

パワースポットとは「異次元の自分に変身する場所」です。

異次元の自分に導く通路といってもいいですね。

「変身」は「成長」とは違います。

「成長」はなにかの課題を解決したり克服したりすること。宗教っぽくいえばカルマの解消ですね。

神社で神さまと使命を共有したうえで、**現実世界で地道に少しずつ変化していくのが成長**です。

一方、パワースポットでの変身は、仮面ライダーやプリキュアのようなもの。

もちろん服装や外見が変わるわけではありません。

ただ目に見えない自身のエネルギー体が、ガラッと変わります。

光り輝くような、スキッとすみわたるような感じで、気力も充電されます。

目の輝きや肌つやもよくなるので、美容にもいいです。

そのパワースポットが神社のどこにあるのかというと、じつは目印があります。

それは「境界」です。**パワースポットは境界（ボーダー）に生じます。**

ここでいう境界とは、ある次元と別次元の境目です。


境界の具体例をあげましょう。

まず入口の鳥居です。入口が門の場合は門です。

神社の入口は、「あの世とこの世」の境界を象徴しています。

鳥居や門の下をくぐって入るときは、次元をまたいでいるのですよ！　だからおしゃべりとかしながら、無意識に通りすぎるのはもったいないです。

鳥居や門の下にある境界線の前で一度立ち止まり、一回おじぎをしてから入ってください。

違う次元に入るぞ、と心をひきしめてくぐるわけです。

「お、なんか中と外で感覚が違う」と気づいたらしめたもの。

これであなたもパワースポット探知機の仲間入りです（笑）。

この感覚の違いに気づくと、あなたのエネルギー体も変身していきます。

「気づかないと変身しないの？」と問われそうですが、気づいた方がより効果的です。

なぜなら、気づくとエネルギーの交流が起こるからです。

次元を何度も越えてしまう！　超強力パワースポット

「あの世とこの世」の境界でもうひとつ代表的なのは「川」です。

神社の境内にある川は、渡るとやはり違う次元に行くことが多いです。

たとえば原宿の明治神宮にも川がありますが、橋の上はパワースポットですね。

水のエネルギー、とくに川や海や滝のように流れのある水には強力な「祓い」の効果があります。

川にかかる橋の上を渡るだけで、心身の「つまり」や「とどこおり」がさっぱりして気持ちいいです。

川ではなく**海が境界になっている神社もありますが、これはもう「超強力」**です。

湘南《しょうなん》の江の島や愛知県蒲郡《がまごおり》の竹島は、島内に神社がありますが、入口の鳥居をくぐるまでに、海にかかる長い橋を渡ります。この橋が最高です！

とくに蒲郡の竹島は海がキレイなのもあって、橋を渡るだけで次元を3回は越えます。

島内の八百富神社は金運で知られますし、八大龍神社は龍神のすみかです。

僕は風水はまったくわかりません。ただ龍神の居場所が風水でいう龍穴ならば、**竹島の八大龍神社はまさしく龍穴です。**

竹島には関ヶ原の合戦前に徳川家康が訪れ、皇族の方々も多数訪れています。ここは穴場ですよ！

海岸や山の頂上もわかりやすい境界です。

山の頂上には神社の奥宮（奥社）がよくありますよね。海岸はもちろん海と陸の境界ですし、山の頂上は空と陸の境界です。

「誰にでもわかるパワースポット」といってもいいくらい、どちらにも多くの人が特別な気持ちよさを感じたことがあるのではないでしょうか。

境界といえば、大きな木や岩も境界であることが多いです。

日本には「万物に神が宿る」という考え方がありますが、中でも**木と石は神の魂が宿りやすいとされます。**

そのため神社では、大きな木や巨大な石・岩には注連縄《しめなわ》をはって「ご神体」として崇《あが》めることがあります。

伊勢神宮や長野の戸隠《とがくし》神社・奥社はそんな「ご神木」だらけですし、群馬の榛名《はるな》神社は巨大な岩に圧倒されます。鹿島神宮・香取神宮の要《かなめ》石や宮崎の高千穂神社の鎮《しずめ》石も有名ですね。

こうした神宿る木や石・岩は、神と人との境界です。

神社のご神体は本殿の中にあって、普段あまり近づくことはできません。

それだけに、こうした神宿る木、石・岩は、間近に見たり、物によっては直接さわったりもできるだけに、たいへん貴重なパワースポットです。

科学的にも証明されている上手な「みそぎ祓い」のコツ

神社といえば、お参りの前に手を洗いますね。

手だけでなく、音を立てずに口をゆすぎもします。これも「祓い」です。

祝詞《のりと》で「はらいたまえ　きよめたまえ」と言うように、水で物理的にも祓い清めるのです。

本来は「みそぎ」といって、神さまに会う前には全身を水で清めるのがよいとされています。しかしそれでは手間がかかるので、簡略化しているのです。

『古事記』をひもとくと、「みそぎ」の由来は、イザナミとともに日本列島を創造したイザナギが、黄泉《よみ》の国（死者の世界）に行って「けがれを見た」と感じて、川で「みそぎ祓い」をしたことにあります。

裸になって川にもぐり、水の底、水の中、水の上で身体《からだ》を清めました。その結果、アマテラスやスサノオなど多くの神々が生まれています。

「けがれ」とは「汚れ」ではなく、「気枯れ」。

心の深いところで気力がなえて元気のない状態です。

ちょっと疲れたというレベルではありません。

みそぎをすることで、イザナギは元気を回復し、さまざまな神さまを生み出したという神話です。

じつはこの神話は科学的な意味づけができます。

『その科学があなたを変える』（リチャード・ワイズマン著／文藝春秋）によると、「いくつかの実験結果によると、不道徳な行為をしたあとで除菌効果のあるハンドソープで手を洗った人は、そうしなかった人に比べ、罪の意識がかなり軽くなっていた」のです。

手を洗うと罪悪感が減るのです。

神社の祓いとは罪・けがれをとりのぞくこと。神社で手を洗うという行為は、科学的な意味においても、罪の意識をとりのぞくことにつながります。

さらにスピリチュアルな視点を加えると、**手を洗うのは、皮ふの汚れを落とすだけでなく、皮ふの周り数センチをとりまくエーテル体を洗い清める**という意味もあります。

「エーテル体？　なんじゃそら？」と言う方もいると思います。これは、人間には肉体だけでなく霊体もあるという前提に立っています（くわしくは315ページ）。

肉体の周辺が厚さ数センチの層におおわれているのを想像してください。

この数センチがエーテル体です。肉体が体力をつかさどるのに対し、エーテル体は気力をつかさどります。手のひらを肉体に注意深く近づけていくと、皮ふから5センチ位のところで感覚が変わります。密度が濃くなる感じですね。

これはその人のエーテル体、すなわち「気」を感じているのです。

「けがれ」とは「気枯れ」だと書きました。けっして肉体の汚れや疲れではありません。

「みそぎ祓い」とは、正確には、このエーテル体に水のエネルギーをそそぎ込むことで、気力を充電しているのです。

神社で手と口をきよめるのは、手と口が「気」の入口と出口だからです。

口は「呼気・吸気」(息)の入口と出口ですから、わかりやすいですね。

じつは手も気の入口と出口です。

左手が気の入口で、右手が気の出口です。

合掌すると、右手から出た気が左手に入り、エーテル体の中で気が循環します。

循環すると、乱れた気のバランスがおのずと整ってきます。

神社仏閣の外でも、たまに合掌してみるといいですよ。心が落ち着きます。

口の場合も、目的は「気」の補給です。

口内の汚れを落とすのであれば、歯をみがいたり強くうがいをしたりしなければいけません。

しかし目的は「気」の補給ですから、水を口にふくみ、そっとそそぎ落とすだけでよいのです。

口にふくむことでエーテル体に神社のエネルギーでいっぱいの水のエネルギーが補給され、そそぎ落とすことで不要なエネルギーは水に溶けて出ていきます。

「気」は水に溶ける特徴があり、だからこそ、水はみそぎ祓いに効果的です。

神社によっては、手を洗う場所の水が涸《か》れていたり、汚れていたりするときがあります。そもそもそんな場所がない場合もありますね。

そういうときは、**両手をこすり合わせ何度かパパンと音を立てて祓ってください。**

見えない汚れを払い落とす感じです。

口も、何度かシュッシュッと腹式呼吸で息を吐き出すといいでしょう。これでエーテル体のかんたんなみそぎ祓いができます。

ただ歩くだけで邪気が落ちる参道の歩き方

神社のエネルギーをよく取り入れられる参道の歩き方があります。ウォーキングの講師とかではないのですが、足裏を通してエネルギーの出し入れをすると、力がみなぎってきますよ。

具体的には、**左足で吸って、右足で吐きます。左足でエネルギーを受けとり、右足でエネルギーを与える感覚でもいいです。**

大地の奥深くから左足裏を通ってエネルギーが上がってきます。そして、おへその指2本分下にあるといわれる丹田付近に到達すると、今度は丹田から右足をつたってエネルギーが下りていき、右足裏を通って大地の奥深くにエネル

足裏呼吸法

ギーが出ていきます。

このように足裏で呼吸するように、大地と丹田の間で、エネルギーを循環させると、大地のエネルギーを自分に取り込むことができます。歩きながらだと難しいと思ったら、たまに立ち止まって「気の体操」をするような感覚でやってみてください。

腹の下に熱いエネルギーが入ってきて、元気になりますよ！

とくに「人混みに出ると疲れやすい」人には、この足裏呼吸をおすすめします。

これをやると丹田が活性化するのですが、そうすると「気のバリア」がしっかりして、他人の気が侵入してくるのを防ぐパワーがつきます。

人混みが疲れる人は、他人の気が自分の気に侵入してきて、疲れた気分とかネガティブな思いが、風邪のウイルスのように伝染しているのですよね。でも**丹田がパワーアップすると、気の侵入をバッチリ防ぐことができます。**

ちなみに、モテたい人にもおすすめかな（笑）。大地のパワーは、モテにも効果アリです！


神社の参道で、もうひとつお伝えしたいことがあります。

それは玉砂利《たまじゃり》の効果です。伊勢《いせ》神宮や明治神宮など、大きな神社ではたいてい参道に玉砂利がしきつめられています。

あれ、ぶっちゃけ歩きにくいですよね（苦笑）。でもちゃんと意味はあります。

じつは、あの**玉砂利が邪気を落としてくれる**のですね。

ただ歩くだけで祓いになるのです。


明治神宮のホームページを見ると、玉砂利の玉は「たましい（魂）」「みたま（御霊）」の「たま（霊）」と同じ意味と、「玉の声」「玉のような赤ちゃん」というように「美しい」「宝石」「大切なもの」という意味もあるそうです。

御霊のこもった宝石のように美しい小石ということですね。

そんな石の上を歩かせていただけるのですから、ありがたいことです。

マインドフルネスになる神社での瞑想法

神社は自然の豊かさも魅力のひとつですね。これをいかさない手はありません！

グーグルやアップル、インテルなど有名なグローバル企業で、マインドフルネスとよばれる瞑想《めいそう》プログラムが流行しています。

ただ目を閉じて呼吸に意識を向けるだけのシンプルな瞑想ですが、ストレスの軽減や創造性の向上、チームワークの発揮、健康増進などに役立つと注目されています。

「マインド（mind）がフル（full）になる」とは、**いまこの瞬間に意識が集中することで、余計なことを考えなくなり、心が穏やかに満たされていくプロセス**です。

神社の参拝でも同じようなことが可能になります。

神社は自然が豊かで、ただいるだけで心が落ち着きますから、瞑想にはうってつけの環境です。明治神宮は宝物殿の手前に広大な公園のような芝生があるのですが、そこで座って瞑想している方をけっこう見かけます。

とはいえ、そんな座って目をつむって瞑想できる場所はなかなかないですから、ここでは「歩きながらできるシンプルな瞑想法」をお伝えします。

歩きながらできるシンプルな瞑想法

①息を吸うとき、「全身から自然のよい気が流れ込んできて、丹田を中心に身体全体に自然の気がみたされる」とイメージします。

②息を吐くとき、「体内の気が、全身の皮ふを通して外に広がっていく」とイメージします。

これは僕がレイキヒーリングという癒やしのテクニックで教わった呼吸法です。全身から気を取り込み、そして全身から気を外に放ちます。この呼吸法を続けると、あたかも全身の皮ふで呼吸しているかのような感覚になります。

神社のような「気」のよい場所で行なうと、とくに気持ちがよい方法です。

神社は、手を洗ったり、玉砂利の上を歩いたりと、祓い清める仕組みが自然とあります。そこに、こうした瞑想法を使うことで、祓い清める効果はさらに倍増するでしょう。

マインドフルネスになる神社での祝詞

もうひとつ、神社でマインドフルな気分になる日本神道の祝詞をお伝えします。それは「六根清浄《ろっこんしょうじょう》」です。もともとは仏教用語ですが、神道でも広まりました。

歩きながら、**シンプルに「ろっこんしょうじょう　ろっこんしょうじょう」と唱えつづけます。**

周りに人がいるときは、心の中で唱えましょうね。

山道を歩くときなどは、声に出してもいいですね。

このシンプルにただ唱えるだけの祝詞には、じつは大きな意味があります。

六根とは、眼、耳、鼻、舌、身、意（こころ＝顕在意識）なのですが、この六根が清浄ならば「願いごとはすべてかなう」とされています。

六根清浄を唱えれば、究極の自然体になり、かなうことしか願わなくなるのです。

非常にシンプルな方法なので、普段から「ろっこんしょうじょう　ろっこんしょうじょう」と唱えながら歩いたり、家事をしたりしてはどうでしょうか。

「そんな単純な方法でなにが変わるの？」と思う方もいるかもしれませんが、**じつは「単純な方法だからこそ」効果がある**のです。

それは「フロー状態」になりやすくなるからです。「ゾーン」に入るともいいます。

フロー状態とは、自分の心が100%、いま取り組んでいることにフォーカスしていることです。

心がいまに100%フォーカスすると、時間の流れを忘れ、なんともいえない幸福感や高揚感を味わい、能力も向上します。

単純作業に没頭すると、フロー状態になりやすくなります。

大量の皿洗いや、オートメーションの職工など、なにも考えずに自動的に作業しつづけると、フローに入りやすいのです。

「六根清浄」のようなシンプルな祝詞を唱えながら山歩きなどすると、単純作業に没頭するのと同じような心理状態になり、やはりフローに入りやすくなります。

単純だからこそ入りやすくなるのですね。

「仏教が好き!」という方であれば、「南無妙法蓮華経《なむみようほうれんげきよう》」を代わりに唱えてもいいですよ。

蓮華(ハスの花)は花と実が同時になることから、原因と結果が同時に起こる、つまり「『願いは瞬時にかなう』妙法（法則）を私は信じます」という意味です。

六根清浄の祝詞とかなり似ていますね。

「さわらずにさわる」木とのエネルギー交換法

神社に行くと、けっこう木に抱きついたり、べったりさわったりしている方いますよね。

そういうの見ると、**「ふっ、素人だな」と思ってしまいます**（すみません！）。

たぶんパワーをもらいたい！　みたいな目的だと思うのですが、プロとしてはやっぱりちゃんとコツを伝えたい！　ポイントは2つあるのです。

・与え合って「循環の流れ」をつくる
・エーテル体にふれる

つぎの図を見てください。参道の足裏呼吸と似ているなあと思われた方、正解です！

基本は同じで、**左手でエネルギーを受けとり、右手でエネルギーを与えます。**そうすると、木と自分のエネルギーが循環して、お互いパワーアップします。

違いもあります。足裏呼吸の場合は、へその指2本分下にある丹田を中心に、大地と交流しました。一方、**木と交流する場合、中心になるのは胸の中心、ハート**です。

手と木の間は、数センチあけてください。木もエーテル体があります。**木のエーテル体にふれることで、お互いの霊体がハグし合います。**

人間は肉体をもっていますから、べたっと肉体でハグしたくなりますが、霊的なパワーを活性化するには、霊体でハグし合うのがいいですね。

エーテル体の感覚がわかってくると、新しい世界が開けますよ。

木とのエネルギー交換法

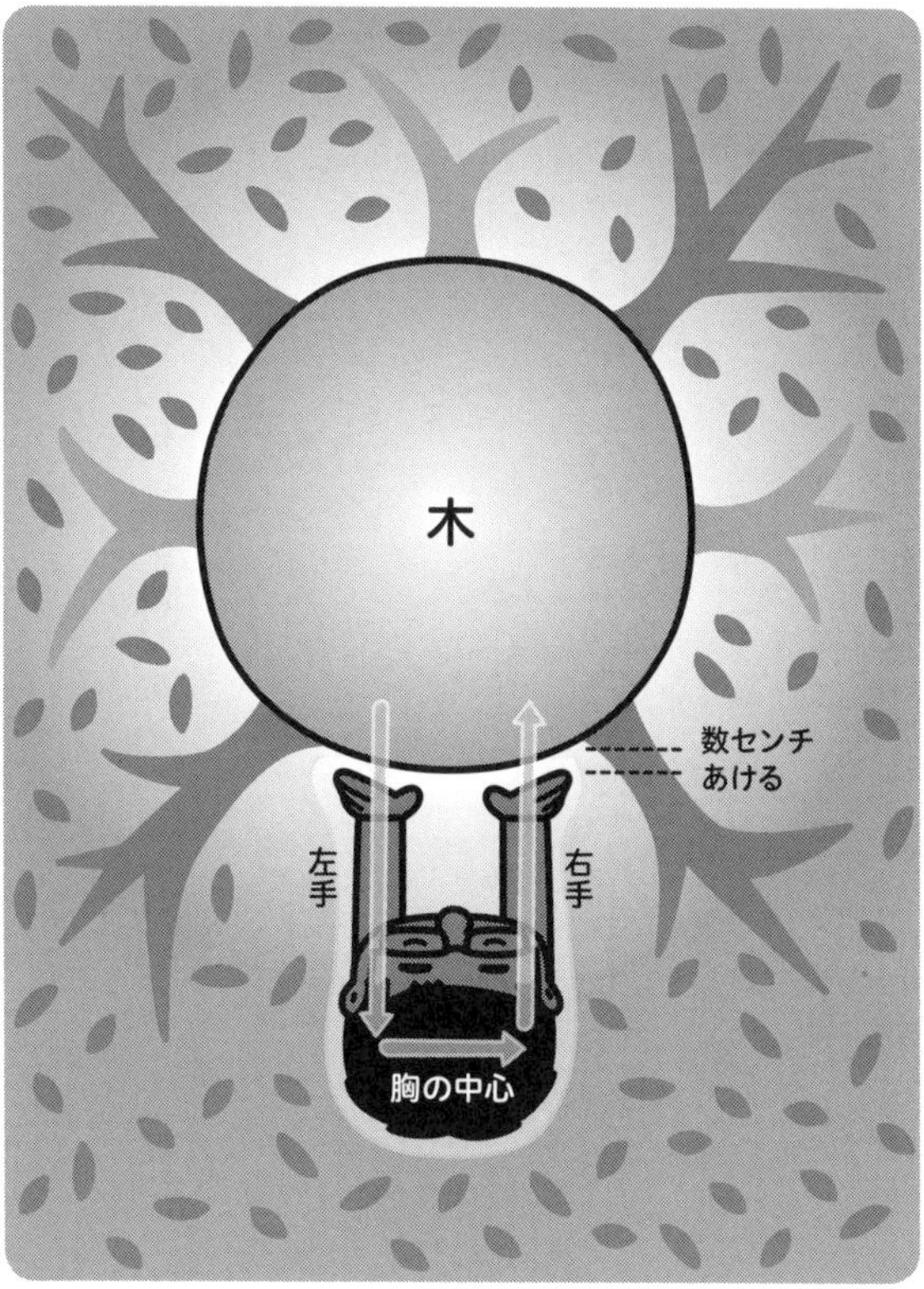

肉体でべたっとさわるのではなく、ふれるかふれないか、さわらずにさわる感じで、そっと手を近づけると、それがあると気づくでしょう。

水のエネルギーでわかりやすいのは、明治神宮の「清正井《きよまさのいど》」です。加藤清正が自ら掘ったという伝説がある湧き水の井戸です。

警備員さんが見張っていてものものしい雰囲気ですが、水のエネルギーが井戸から上空へ1本の柱のようにのびています！　このエネルギーの柱にふれてみましょう。

「さわらずにさわる」石・岩とのエネルギー交換法

木だけでなく、**水や石・岩のエーテル体も意識してふれてみましょう。**

石だと、さきほどお話しした**鹿島神宮・香取神宮の要石**が有名です。

「大地のもっとも深い部分から生えている」

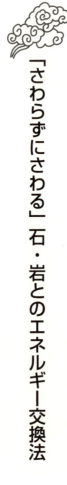

「地震を起こす大なまずを押さえている」
「鹿島神宮の要石は地中の大なまずの頭、香取神宮の要石は尾を押さえている」
「徳川光圀《みつくに》は、（要石を掘り出すべく）7日7晩掘りつづけさせたが、底には達しなかった」など不思議な伝説のあるところです。

この要石がつながっている「大地のもっとも深い部分」を地球のコア（核）といいます。

この地球のコアを媒介に、要石と自分のエネルギーを交換する方法があります。

これをやると、大地からぐわ〜っと強力なエネルギーがわきあがってきて、見えない温泉にでもつかっているような気分になります。

やり方はすごく単純です。

要石の周辺で、手のひらを下にして両手を突き出します。

以上（笑）。正面でやると他の参拝客に迷惑なので、ちょっと離れたところでやります。

この地球のコアには要石がバッチリつながっていまして、図のように要石と自分とのエネルギーが交流・循環します。

手を差し出すと、上空から手の甲を通過して、見えないエネルギーが下りていきます。そして地中の奥深くにどんどん下りていって、地球のコアに到達します。

すると今度は地球のコアからエネルギーが上がってきて、で、まるで温泉につかったように自分の身体が熱に包まれます。

これをやると、**額のあたりにある第3の目（第6チャクラ）が活性化して、洞察力やインスピレーションが発達してきます。**

第六感をきたえたい方、要石おすすめです！

要石を通じて地球のコアとつながる方法

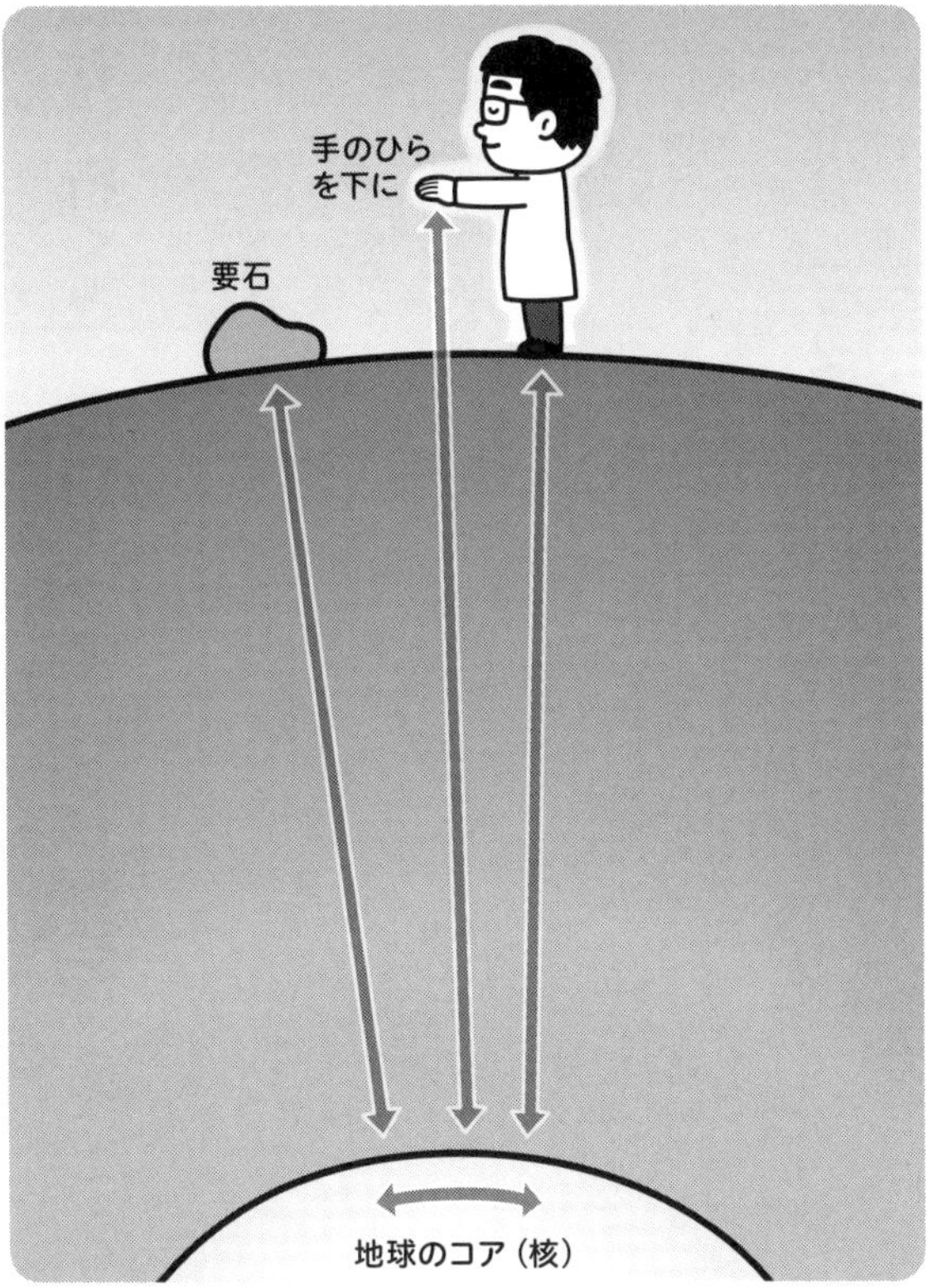

この神社に行くと、成功者マインドが勝手に身につく！

さて、いよいよ祈りのメインディッシュ（!?）お願いごとです。

拝殿と呼ばれる祈りの場所で、おさいせんを入れて参拝客は祈ります。

お作法はすでにお伝えした通りですが、祈りの効果について、もっとふみこみましょう。

神社に行けば成功するぜという本だから、きっと「願えば、なんでもかなう」と言うんだろうな、と予想されているかもしれません。いやー、かなり違います（汗）。

神さまへの願いごととは、「愛の告白」なのです。

あ、たとえていうならです。たとえていうなら、恋愛の告白なのですね。

「スキです、付き合ってください！（ドキドキ）」

これ、絶対かなうのでしょうか？　ちょっと違いますよね。かなうかもしれないし、断られるかもしれない。でも、告白する前とは大きな変化が出ます。

それは白黒をつけられるということ。付き合えるのか、付き合えないのか、**結果がはっきり出ます。これが神社でお願いすることの直接的な効果です。**

祈りは、もともとは「意（い）宣（の）り」。意思を宣言する行為でした。

神社でのお願いごとも、自分の意思を宣言することを意味します。

恋愛の告白やプロポーズも、相手に意思を宣言する行為ですよね。同じことです。

「いや、相手いないんですけどー」

恋愛・結婚を希望する方がたくさん神社に訪れますよね。これは「恋愛・結婚という人間関係を通じて、私は幸せになります！（だからご縁をよろしく）」と神さまに宣言しているわけですよね。

なので、本気の人はどうぞお参りください。白黒つけましょ！

……ってほとんどおどしですね（すみません・汗）。これだと参拝する人がかえって減りそうなので、差しさわりがあるかと思い当初は書くつもりはなかったのですが、神社で願望を実現するためのストレートなコツを書いちゃいますね。

たとえば恋愛系の縁結びをしたい方には、湘南の江島神社をおすすめします。

理由の方が大切なので、よく確認してくださいね。

理由はカップルや家族連れだらけだからです。

神社は人々の祈りの集合体でした。神社にお参りすることで、自分もその集合意識の一部になるのでしたね。

ということは、**「希望をすでにかなえている人たち」が行く神社に参拝した方がいい**のです。希望をかなえた人たちの集合意識の一部になることで、成功者マインドが勝手に身につくからです。

だから恋愛系の縁結びは江島神社なのですね。もちろん拒否権はあるのでご安心を。カップルたちを見て「いやだな～」とネガティブに思ったら縁は結ばれませんから。

同様に、国会議員になりたければ、首相官邸の近くにある日枝《ひえ》神社に参拝することです。政治の中心地・永田町にあり、ほとんどの国会議員がこちらに参拝しているからです。もちろん「あんな連中！」と思ったら、議員にはなれません（笑）。

種明かしをひとつすると、箱根の九頭龍《くずりゅう》神社が縁結びにご利益があるとものすごく人気になりましたが、あそこはもともとビジネスや政治で成功するための神社です。ただ、そういう人は恋愛や結婚も成就していたので、結果的に縁結びにも効果があったわけです。

なので恋のお相手がいなくてお悩みの方は、行くならば「カップルが行く神社ですよ！」。

結婚希望であれば、「ご家族連れが行く神社」に参拝です。

これ、ここだけの秘密ですからね。

うまくいっている人の集合意識にアクセスすることが成功への近道です。

神社への参拝はそれを可能にします。

だから、どんな参拝者がいらしているのか、よく観察しましょう。この人たちは未来のあなたなのですから。

なぜ、おさいせんは「500円玉」がいいのか？

「おさいせんはいくらがいい？」という質問、けっこうされます。

ご縁を結ぶから5円がいい、十分ご縁があるように50円がいいとよくいいますよね。

おさいせんは、神さまも気になるようです。なにせ神社の経営に直接関係しますからね（笑）。

触覚型の霊能者を名乗る僕ですが、「声」が聞こえることもたまにあります。

それは決まって、おさいせんの額でした。

法隆寺を参拝したときのことです。すみません、お寺です。

お寺にも神さまの魂が宿るところがあるので、ごかんべんを〜。

国宝・百済《くだら》観音像をご存じでしょうか。八頭身のすらりと細身の美しい仏像です。

そこでおさいせんをあげようとしたときに、「声」が聞こえたのです。


「500円」

（ん……？　なんだいまのは？）

かがんだ姿勢のまま、百済観音像を見上げました。

「おさいせんには500円を入れなさい」

（お、おお……百済観音さまが、おさいせんの額に注文を……。10円じゃダメなのですね）


ニッコリ笑顔で、声の通り500円を入れました。心なしか百済観音さまの優美なお顔も、よりにこやかに見えます。現金なものですね。

聖地にいると、ときどきこうして声が聞こえてくることがあります。

僕の場合は、ほとんどはこうしたユーモラスなやりとりです。

おさいせんについては、もうひとつ重要なポイントがあります。

それは**「おさいせんに神が宿る」**ということです。

木と石は神さまの魂が宿りやすく、しばしばご神体としてあつかわれますが、じつはお金も神さまの魂が宿りやすい代物です。

他には**日本酒やお米も宿りやすい**です。

都心の奥まった路地で、ビルにはさまれた小さな稲荷《いなり》神社を訪れたときのことです。

知人が見つけて参拝をしたのですが、おさいせんをあげませんでした。

「おさいせんを」という声が聞こえたので、そこで僕はそっとおさいせんを供えておじぎをしたところ、**神さまのエネルギーが風に乗って、そよそよと降りてこられました。**

おさいせんは神さまが宿る入れ物になったわけです。

よく人が参拝する神社であれば神さまは常時いらっしゃるのですが、ほとんど人の参拝しない神社や神職の方が常駐していない神社では、誰かが呼んでこないといけません。

参拝は神さまをお呼びするトリガーになります。しかしせっかくお呼びしても、宿る場所（よりしろ）がないと、神さまも降りてこられません。

そういうときに、**おさいせんなどの「お供え物」が役に立つ**のです。

神さまが宿る場所になるのですから、お供えするときは、「そっと」お渡ししましょう。

間違っても投げつけてはいけません。結婚式のご祝儀を渡すような感じで「そっと」「ていねいに」お願いします。

ちなみに**500円玉は、大きいのもあるし、それなりの金額なので「よりしろ」に向いています。**

1円玉だと、気持ちも重さも軽すぎて「よりしろ」になりにくいのです。

たとえばバレンタインデーのチョコレートでも、ブラックサンダーを渡す（もらう）か、それともゴディバを渡す（もらう）かで、気持ちが違いますよね。

５００円玉はゴディバです。ん？　安いですかね（笑）。

ちなみに人間同士でも、謝礼やプレゼントをお渡しするときに「気持ちばかりの」という言い方をしますね。

気持ちをものに込めてお渡しすることが大切です。そうすると、そのものに神が宿ります。

渡された方も、ありがたく受け取ることで、お互いの運気が上昇します。

おさいせんについてつきつめると、お互いに高め合える人間関係とはなにか？　という話にまでいきつきました。なんだか深い話ですよね（↑自分で言うか）。

ご縁の深い「マイ神社」をつくる

神社に行きつづけると、だんだん深いご縁を感じる神社や神さまがあらわれてくるものです。いわゆる**成功者とよばれる人の多くは「マイ神社」があります。**

このマイ神社は自分のルーツやそのときの苦境と大きく関わってきます。

プロローグでお話しした出光佐三《いでみつさぞう》のマイ神社は宗像《むなかた》大社でしたが、もともと宗像郡（現在の福岡県福津市）の出身で、子どものころからの信仰でした。

いわゆる「産土神《うぶすながみ》」です。産土神は、母親が自分を産んだ当時に住んでいた土地の神さまです。**生まれ育った土地の波動は、自分に大きな影響を与えます。**

子どものころからなじみのある神社・神さまがそのままマイ神社・マイ神さまになるというのは、ごく自然なことでしょう。

源頼朝《よりとも》が開運した神社は「箱根神社」と「伊豆山神社」でしたが、それは頼朝が罪人として伊豆に流されるという苦境の時代にいたことと関係します。

やはり自分がしんどいときに支えになってくれた神さまというのは、思い入れが深まるものです。頼朝が武士のトップである征夷《せいい》大将軍になってからも、この2社は頼朝にとって特別な存在でありつづけました。

神さまの方から声をかけてくるケースもあります。

僕の例ですと、大津市の日吉大社で巨大シャボン玉のような透明ななにかから、「こっちこっち」と誘導されて、ついていったら白山宮だったと1章でお話ししましたね。

で、どんな神さまか確認したら、菊理姫《ククリヒメ》というお名前で、石川県の母校の近くにいたと気づきました。この母校は僕にとっては、勤めていた会社を辞めて、いわばすべてを捨てて進学した思い入れのある大学院でした。

以来、僕にとってのマイ神さまは菊理姫です。

安倍総理と小泉元総理に学ぶ戦略的マイ神社のつくり方

戦略的に神社とご縁をつなぐということもできます。

たとえば足利尊氏《あしかがたかうじ》は戦いに敗れて京都を追われ、九州に行きました。ここで宗像大社の支援をえて盛り返します。

もともと尊氏は源氏の流れですから、頼朝のように鎌倉を中心とした関東の神さまパワーは味方にしていました。そこに新たに加わったのが宗像の神さまパワーです。尊氏と敵対した後醍醐《ごだいご》天皇を中心とした勢力は、宗像大社を軽視していました。そのため尊氏は、強力な宗像パワーを味方にすることができたのです。

こうした**「いまの権力者が味方にしていない神さまを味方につける」というのは、現代政治でも通用する戦略**です。

たとえば最近の総理ですと、小泉純一郎氏と安倍晋三《あべしんぞう》氏は長期政権を築いていますが、2人とも過去の権力者が味方にしなかった強力な神さまパワーがついています。

小泉純一郎氏の場合は、横須賀《よこすか》の走水《はしりみず》神社です。

純一郎氏だけでなく息子の進次郎氏や入れ墨大臣といわれた祖父の又次郎氏、父親の純也《じゅんや》氏（元・防衛庁長官）もそうです。

著名な霊能者も絶賛するたいへん強力な神社ですが、しっかり味方につけた中央の権力者は、小泉家が最初でしょう。

安倍晋三氏の場合は、ちょっと変わっていて、本籍地は山口県ですが、ご自分の先祖は東北の俘囚《ふしゅう》長・安倍氏だと信じていました。

俘囚とは、中央政府に制圧されて従った蝦夷《えぞ》（マムシの未開人）という意味です。完全な差別用語で、ケガレとして見下されてきた東北の人たちを指します。

安倍氏はその親玉でしたが、前九年の役で源氏に滅ぼされてしまいます。

その安倍氏が信仰していた神さまが、安倍晋三氏のマイ神さま「アラハバキ」です。

アラハバキは彼ら俘囚の神さまで、そのルーツをたどると、神武東征で神武天皇軍に敗れた大和の豪族・長髄彦《ながすねひこ》もしくはその兄弟にいきつきます。２人のどちらかが東北に逃げてアラハバキになったといわれています。

このようにアラハバキは神話の時代から中央政府に敗れ・追われ・しいたげられてきた人たちの集合意識を代表する神さまで、当然、中央の権力者とは縁遠いです。

安倍晋三氏が若くして総理になり、さらに一度失脚してから、考えられない復活をとげたのは、正直どう考えても「おかしい」と思います。

そのおかしなことが実現しているのは、安倍晋三氏のマイ神さまがアラハバキだからと僕は考えます。

ちなみにご神徳は「挫折」と「後悔」から生まれるのでしたね。

アラハバキは戦いに敗れ追われた、挫折と後悔のかたまりのような神さまです。

安倍総理は、第1次政権では大きな挫折と後悔を経験しました。だからこそ、2度目の政権はよりサポートが強力になり、政権運営がうまくいっているとも読みとけるわけです。

さあ、あなたはどの神社・神さまと深いご縁を結びますか。

世界を動かす見えない仕組み

3章

JINJA

神社は見えない世界のインターネット

ここまで神社共通の特徴や、祈りの方法、成功者たちが特定の神社とご縁を深めている様子を見てきました。今度はちょっと視点を変えて、神社世界の見えない全体像をお伝えしましょう。

神社ってインターネットなのです。

「は？」と思うでしょうか。でも、似ているのですよ、インターネットに。

神社の方がずっと昔にできていますから、「インターネットが神社に似ている」といった方が正しいですね（笑）。

神社は神さまたちのネットワークになっています。

そのネットワークの名称が「稲荷《いなり》社」「八幡《はちまん》社」「天神社」「諏訪《すわ》神社」「神明神社」「熊野神社」「白山神社」「住吉神社」など、全国に多数ある神社群です。

たとえば**稲荷神社（通称・お稲荷さん）は、全国に3万余ありますが、これらは全部見えない世界でつながっていて、稲荷ネットワークを形成している**と思ってください。

他も同様に、八幡ネットワーク、天神ネットワーク、諏訪ネットワークなどが形成されています。

もしあなたがどこかの稲荷神社を参拝すれば、それはその神社だけでなく、全国約3万社の稲荷ネットワークの大本とつながっています。

それは稲荷神社の総本社・京都の伏見《ふしみ》稲荷大社です。

さらにいえば、稲荷神を氏神《うじがみ》として祭ったのが、京都で勢力のあった古代豪族・秦《はた》氏です。

秦氏は地方に領地を広げて、その秦氏ゆかりの地に伏見稲荷大社の分社が広がっていきました。いわば秦氏ネットワークが稲荷ネットワークでもありました。

つまり**稲荷ネットワークにアクセスすることは、同時に秦氏ネットワークとつながるこ**

とてもあったのです。

このネットワークの面白いところは、**僕たち人間がそのネットワークを維持強化する役割をもっている**ところです。

たとえばご近所に稲荷神社があって、たまに参拝しているとします。で、京都に旅行に行って、伏見稲荷大社に参拝したとしましょう。

そして帰宅し、また近所の稲荷神社に参拝すると、ここでその**近所の稲荷神社と伏見稲荷大社との間で、見えないネットワークがつながる**のです。

道路にたとえると、舗装されたり、道幅が広くなったり、新たな道がつくられたりするようなもの。**人間が神社の間を行き来することで、神社間のネットワークが維持強化される**のです。

違う神さまを一緒に参拝してもケンカしない？

もうひとつ大事な点は、ネットワーク間のつながりです。

稲荷ネットワーク、八幡ネットワーク、天神ネットワークなど、異なるネットワーク間のつながりですね。現代においてはとくに大事な点です。なぜなら昔はつながりが薄かったからです。

違う神さまを一緒にするとケンカするって話よく聞きますよね。 たとえば違う神さまのお守りを一緒に置くようなことです。

これは、昔は神さまが対立関係にあることが多かったからです。

たとえば稲荷神が氏神の秦氏と、春日《かすが》神が氏神の藤原氏、違う血縁集団の間で利害が完全に一致することはないでしょう。そうすると、稲荷神社と春日神社のお札を同居させていいのか？　という発想になります。

　しかし、現代の神社は万人のものです。稲荷神は秦氏のものではないし、春日神は藤原氏のものではありません。もはや日本人だけのものでもないでしょう。

　だから、**もう特定の神社だけでなく、あちこち参拝してください。**そうすることを、神社インターネット全体が望んでいます。

　異なるネットワーク間のつながりが増すことで、神社インターネットは拡大していくからです。

インターの意味は「～間、相互」。稲荷ネットワークや八幡ネットワークなどが相互につながれば、インターネットです。

21世紀の現実世界はインターネットの時代ですが、じつは目に見えない世界でもインターネット化がすすんでいたのです。

神社インターネット時代は、神さま同士がともに協力していく時代。

長年対立関係にあった伊勢《いせ》神宮と出雲《いずも》大社も、天皇家と出雲大社宮司である千家《せんげ》家とのご縁組みに象徴されるように、もはや協力関係です。

神社インターネットができたことで、えられる後押しも大きくなってきました。

ただ現実世界のインターネットにつながるにはプロバイダ（インターネット接続サービスを提供する事業者）との契約が必要なように、**神社インターネットにおいても、プロバイダにあたる神さまがいます。**

それが産土神《うぶすながみ》と鎮守《ちんじゅ》です。

産土神と鎮守のご縁に感謝することが、神社インターネットの後押しを受けるポイントなのです。

自分の産土神にコンタクトをとる裏技

産土神は、僕たちが生まれたときに住んでいた土地を守る神社の神さまです。

その神社は産土神社といいます。神社本庁に問い合わせて、その土地の住所を言えば、どこが自分の産土神社なのか教えてくれますよ。

ただ、「私の産土神社はどこ?」という問いは現代では少々ややこしいです。人間はひんぱんに引っ越しますし、住むところと働くところが違うことも増えました。外国で生まれる日本人もいますが、当然、日本以外の国では、神社はほぼありません。ライフスタイルが大きく変化したことで、説明しにくいことも出てきているのです。

なので、産土神にコンタクトをとる裏技をお教えします。

じつは産土神はあなたのそばにいます。日本人でも、どこの国籍の人でも、生まれつき

契約を結んでいるのです。だから合掌し、こう祈ってください。

「うぶすながみさま、うぶすながみさま、うぶすながみさま。いつもお守りくださいまして、ありがとうございます」

神棚で祈っても、先祖代々のお墓で祈っても、どこで祈ってもかまいません。

「産土神さま」と3回唱えれば、お呼びすることができます。

そして、ただ感謝を伝えてください。あなたがなにも言わなくとも、産土神はあなたの状況をすべて理解しているからです。

あなたの産土神のお名前ですが、産土神社が八幡神社であれば、一般的には八幡神が産土神になります。ただ、実際のところ、産土神は産土神なのです。

日本神道の原点は、自分の属する地域の守り神を祭ることでした。

古代は、その神さまに固有名詞はありません。「御霊《みたま》」「神」「命《みこと》」などと、自分を守ってくださる見えない存在をよんでいたのです。

だから、**名前など気にせず、あなたの産土神とまずしっかりつながってください。**産土神は特定の神社にいるのではなく、あなたのすぐそばにいます。

見えない世界の「神脈」で自分も神さまもパワーアップ

神さまインターネットのもうひとつのプロバイダが鎮守の神さま。

鎮守とは、いま自分が住んでいる土地の神さまです。ご近所の神社の神さまですね。

近所に複数の神社があることもありますが、町内会でお祭りを行なう神社があれば、そこが鎮守の神さまです。

ご近所の神社には、ちょくちょくご参拝されると、いいでしょう。神社インターネットと自宅との間でネットワークがつながります。

産土神は自分自身と神社インターネットとのつながりですが、鎮守は自宅と神社インターネットとのつながりです。

他にも鎮守のような役割をはたすのが、あなたとご縁の深い土地の神社です。

鎮守以外にも、職場の近く、学校の近く、実家の近くなど、あなたが長い時間をすごした地域には神社があったはずです。

職場の土地を守る神社に参拝すれば、職場と神社インターネットとのつながりが増します。学校や実家の土地を守る神社に参拝するのも、同様の効果をもたらします。


「地元っ子は、その土地の神さまに愛されている」でしたね。

地理的にご縁の深い神社とは、人脈にたとえると「太いパイプ」があるのです。

神さまとのネットワークですから、神脈ですね。

産土神や鎮守、ご縁の深い土地の神社を通して、どんどん神脈を広げてください。

現実世界で人脈をつくるように、見えない世界で神脈をつくっていくのです。


神脈づくりは、自分と神さまとの間のネットワークだけではありません。さきほども申し上げましたが、**神さまと神さまとの間のネットワークを結ぶことも、僕たちの役割**

なのです。

たとえば自分がご縁の深い神社と、そこの総本社にあたる神社との間のネットワークをつなげると、ご縁の深い神社のパワーが増します。

そうすると、自分への後押しも増します。親しい人が力をつければ、自分にも恩恵がまわってくるのと同じ理屈ですね（笑）。

神棚はパソコン、お守りはスマホ、ご朱印帳は？

神社インターネットにおいて、プロバイダが産土神・鎮守だとするならば、**パソコンにあたるのが「神棚」、スマホや携帯電話にあたるのが「お守り」**です。

キレイに現代のインターネット環境に当てはまるので面白いですが、インターネットって本当に見えない世界をコピーしたように仕組みが似ているのです。

さて、神棚といえば神さまをお祭りする棚です。そのままですね（笑）。家や事務所に設置する小型の神社ですね。

この神棚が、神社インターネットに接続する端末の役割をはたすのです。

持ち運びはせず、特定の場所に設置するので、デスクトップのパソコンからインターネットに接続するようなものです。

そのままだと、ただの棚です。**神社インターネットに接続するにはお祈りをします。**

神棚に神社からいただいてきた神札（お札）を入れ、米、塩、水、酒をお供えし、左右に榊《さかき》という木の枝を立て、神社に参拝したときと同じように拝礼するのです。

設置したら、日ごろの感謝に加えて、神社で定番の祝詞《のりと》「はらいたまえ　きよめたまえ　かむながら　まもりたまえ　さきわえたまえ」を唱えるとよいでしょう。

言葉の意味は、「罪・けがれをとりのぞいてください。神さま、どうぞお守りお導きください」でしたね。

神棚では日常的にお祈りするだけに、「感謝」の中身がちょっと変わります。

神社に参拝した場合は、そこにお参りさせていただけたことへの感謝ですが、**神棚の場合は「いまここにあること」を、「ご先祖様」に感謝するのです。**

日本神道の基本は「祖霊信仰」だからです。ご先祖様を神さまとし、いまここに自分があるのは、ご先祖様のおかげと考えます。実際そうですよね。

ちなみに仏教でお墓参りするのも、祖霊信仰から来る日本独特の風習です。ご先祖様を仏様ととらえるのは、祖霊信仰から来た日本独特の考え方だったのですね。

そうは言っても、

「感謝感謝て、しんきくさいわー。感謝することあるかあ？　今日もおもんない1日やったで～」

と思う人もいるかもしれませんね。あ、僕、関西人なので関西弁です。

ここまで読んできた方ならわかりますよね。

ご先祖様という神さまを創造するのは僕たちなのです。

祈って感謝して、ご先祖様を神さまにしてしまいましょう。

10代前までさかのぼるとご先祖様は２０４６人います。多くのご先祖様たちが神さまとして力を発揮してくれると思ったら、これほど心強いことはないでしょう。

そしてその神さまとなったご先祖様の力は、自分だけでなく子孫全体に降り注がれます。

つまり**祖霊信仰は、「みんなで幸せになる仕組み」**なのです。

職場の事務所に神棚を設置した場合は、職場を守ってきた先人たちへの感謝です。

「いやまだ先人はいないよ、自分たちだけだよ」ということでしたら、自分たちへの感謝ですね。神さまになっちゃいましょう！　まだ生きているけれども（笑）。

そして神社インターネットにつながるスマホ・携帯電話が「お守り」でしたね。**お守りを外出時に身につけることで、いつでもどこでも神社インターネットに接続できます。**いやー、便利な世の中ですね！　って、昔からできました（笑）。

お守りを使ってのつながり方はかんたんです。

両手のひらの中にお守りを包み込むように合掌してください。なにかうったえかけたいことがあったらどうぞ。

僕は急に体調不良になったときに、お守りに頼っています。

もちろん体調不良のときは病院に行った方がいいですが、助けを待つ間とか、しんぼうして様子を見るときとかですね。プレッシャーがかかっているときも、お守りに祈るといいですよ。

ご朱印帳を通して神社インターネットにつながることもできます。

神棚がパソコンで、お守りがスマホ・携帯電話なら、ご朱印帳はタブレットですかね。

ご朱印帳は、いろいろな神社が中で一緒になっていますよね。だから、**ご**

朱印集めの好きな人たちは、じつは神社インターネット拡大に貢献しているのです。

自分の目的・課題のレベルによってどの神社に行くか変わる

よく「どこの神社がおすすめですか？」とたずねられます。

広く知られた人気の神社をお伝えしてもいいのですが、もしなにか目的や課題があるならば、その目的・課題のレベルによって、どの神社に行ったらよいか変わってきます。

ただ、まずおすすめしたいのは、自分が住むご近所を守る鎮守の神社です。

いわば地域住民のホームドクターです。ご近所で気軽に行けますし、なんでも相談してください。

悩みごとはなんでももち込んでＯＫです。

グチでもなんでも言っちゃってください。あ、口に出すと危ない人ですから、心の中でお願いしますね。

鎮守の神さまでも、より広い地域を守る神社があります。

鎮守の神社をまとめる総鎮守です。

江戸総鎮守の神田明神、横浜総鎮守の伊勢山皇大神宮、関東総鎮守の箱根神社、さらに日本総鎮守まであり、それは愛媛県今治市《いまばり》の大山祇《おおやまづみ》神社です。

大山祇神社は瀬戸内海の大三島という島にあり、日本の国土全体を守る神社になります。

「おー、ではぜひ大山祇神社に行きたい！」と思うのが人情ですが、ドクターにたとえると日本医師会の会長みたいな、ドドーンとしたお偉いさんです。

「ちょっと風邪をひいたのか、熱っぽくて……」とか、相談する相手ではありません。

守る対象の地域が広くなればなるほど、大きな願いごとが合っています。

たとえば「関東全域のバス網や鉄道網を整備したい」と望むならば、関東総鎮守である箱根神社に参拝するといいでしょう。

日本の国防関係なら大山祇神社です。でも、そんな人ほとんどいませんよね（笑）。

そうした大手の神社へは、**ここへ来ることができたことへの感謝と、そして報告**です。「結婚しました、今後ともよろしくお願いします」とか、「今年こそ結婚すると去年宣言しましたけど、まだできていません。どうかこんな私をあたたかくお見守りください」みたいなことです。クレームはやめてね（笑）。

人生の節目では、主な友人知人親族に改まって報告ごとをしますよね。箱根神社クラス以上の大手の神社は、そういうときにご参拝されるとよいですね。

個人的なお願いごとは、地域のホームドクターである鎮守様です。

大手の神社に参拝したあとも、帰宅してホームドクターへのごあいさつを忘れずに。

大手の神社とホームドクターであるご近所の鎮守様とのネットワークを強化してくださいね。

きっと鎮守様は、そのことに喜んで、神風をあなたに吹かしてくださるでしょう。

もちろん、あなたがたとえば大企業の役員のような、広範囲に影響をおよぼす人であったり、大きな野望・願望をいだいたりしているのならば、話は別です。

大手の神社で、自分が社会のためにコミットすることを、神さまの前で宣言してください。

ここでさきほども申し上げましたが、ちょっと気をつけたいというか、気をゆるめていただきたいのは、「鎮守では意思の宣言だけでなく、気軽にお願いでも相談でもグチでもなんでも言ってください」ということ。職場や学校、ご実家の鎮守様も同様です。

地理的にご縁の深い神社には、特別に甘えて大丈夫です。つらいときそばにいてくれる存在だと思って、どんどん頼ってください。

神さまは物理的な身体《からだ》はもたないので、がっしり肩とか抱いてはくださいませんが、ちゃんと存在を伝えては来られます。

つらいときって、誰かがそばにいるだけでも心強いものですよね。

なかなか**他人には甘えられないこともあると思いますが、そんなときは、鎮守様などに**

お参りするのです。

境内にベンチでもあれば、しばらく座って心で会話するといいですね。

僕は京都市の出身ですが、学校のすぐ近くの京都御所によく行っていました。正確には京都御苑という大きな公園ですね。

もちろん**ただの公園ではなく、日本有数のパワースポットです。**

御苑の中には京都御所だけでなく、宗像《むなかた》神社もあり、そこにいるだけで、ずいぶんと癒されました。僕にとっての京都御苑、あなたもぜひ身近に見つけてくださいね。

これで引き寄せも卒業！　神社の驚き活用法

「幸運を引き寄せる！」「思い通りの人生を引き寄せる！」と話題になった引き寄せの法則。

スピリチュアルに関心のない方でも、「○○（なにかよいこと）を引き寄せる」という言葉、よく目にしますよね。

神社の見えない仕組みを知っていると、引き寄せの法則も「あー、そういうことか」と、より意図的に、自在に活用できます。

「神社は人々の祈りの集合体である」これが理解できていれば、引き寄せはすぐに卒業です。

引き寄せの法則のエッセンス、既存の書籍からご紹介しますと基本は2点です。

■定義：それ自身に似たものを引き寄せる。類は友を呼ぶはその一例
■コツ：気分がよければ、いいことが起こる

自分の思考や感情と同じものを引き寄せるから、自分がよい気分になる見方・見解を選択しよう、ということですね。

ここにさらに、**神社の見えない仕組みを理解すれば、引き寄せの法則をよりよい方向に働かせることができる**でしょう。

実例を出します。僕自身のことです。個人の特定をさけるために、事実の一部を変更しています。

以前、僕は起業の勉強をしようと思い立ちまして、ある起業コンサルタントから、5か月間のコンサルテーションを受ける契約を結びました。

価格は55万円。けっこう安いなと思いました。というのも、この手のサービスは半年で300万円とか600万円とか取る方もいるのですね。

価格が安いか高いかはともかくとして、そのコンサルタント氏は、年に数十名以上

の起業家を養成し、高い専門性をおもちで、当然「いい人だな」と思って契約したのですが……。

1か月でやめました。やめた理由は、合わなかったといえばそれまでですが、お互いカッとして、「出ていけー！」「出ていったらー！」みたいなことになったわけです。

普通に考えてもったいないですよね。

金返せって言いたくなるところですが、ちゃんと契約書に「お金はいかなる場合でも返しませんよ」と書いてあり、僕もそれにサインしハンコを押しているわけです。

それは理解していたので、ま、仕方ないなというところですが、ではそのときの気分はどうだったのか？　よいわきゃない（笑）。そりゃ、ね。

怒るというよりガッカリしたのか、**気分が落ちていたようで、そうすると引き寄せの法則も現実化するわけです**（怖っ）。

そのころに運営していたメディアのアクセス数が落ちました。だいたい2〜3割低下しましたね。

アクセス数は落ちるし、提供しているサービスの利用も増えないわけですよ。

ありゃりゃー、ですよね。

こういう**ネガティブな気分のときは、さっさと神社に行くと気分がリセットされます。**

これでマイナスがゼロに近くなります。


ただ、さきほどの僕のように大きく失敗した場合、その現実をどうとらえるかという課題が残ります。起こったことはなかったことにできないですからね。

そこで「神社は人々の祈りの集合体」ということを思い出してください。

これは神社以外のものにも応用できるのです。


具体的には、起業コンサルタント氏を神社・神さまととらえました。

ご神徳は起業の成功とか商売繁盛ですね。コンサルタント氏が神さまならば、クライアントやファンは参拝客です。

コンサルタント氏を中心に、起業の成功を祈る人々の集合意識が形成されていると考えるのです。

そう考えたら、もう55万円はお布施です。

起業の神さまにお布施して、起業家の成功支援に使ってもらうと考えればいい。

そうすれば起業家の見えない意識の応援がえられるので、自分の起業にもプラスになる。そう現実をとらえなおしたのです。

このとらえ方でいいかどうかは、自分の感情が判定してくれます。

ヒックス夫妻の引き寄せ本を読んだ方ならばご存じのことですが、もし**その見方で、自分の気分がよくなるならば、それで正解です。**

僕はさきほどのように現実をとらえなおしたことで、気分がよくなり、メディアのアクセス数も戻りました。だからＯＫなのです。

人は神さま、支払うお金はお布施だととらえて、現実を見てみましょう。

そして……本のネタになって、僕の気分がさらによくなったことは、言うまでもありません（笑）。

寝る前のヴァーチャル神社参拝で、なんだかうまくいく

神社の見えない仕組みは、他人の見方以外にも応用できます。

それが就寝です。じつは眠る行為と、神社参拝は「見えない世界に入る」という意味で共通しています。

起きているときは現実世界、寝ているときは見えない世界なのです。

そうすると、「さあ、これから眠るぞ」というときは、「さあ、これから神社の鳥居をくぐるぞ」というときと、同じような態度をとればいいのです。

寝る前にヴァーチャル神社参拝するわけですね。

具体的には、まず1日の活動を終えたら、お風呂に入ってください。これは「1日のみそぎ」です。神社参拝でいえば、手を洗う行為ですね。

昔は神社参拝の前は、川に入って全身を清めたそうです。

神仏に祈願するときに冷水を浴びる行為を、日本神道では「みそぎ」、仏教・修験道では「水垢離《みずごり》」といいます。

スピリチュアル業界でも、人気ブロガーの冨樫功《とがしいさお》さん（大阪市で肉まんアトムを営む通称アトムカンフーさん）が水垢離をすすめており、引き寄せの法則ファンを中心に広まっています。

僕自身は水風呂も苦手な寒がりなので、水浴びのおすすめはひかえますが、寝る前にお風呂に入って、1日の罪・けがれを清めてから寝ることはおすす

めします。

さあ、寝仕度を整えたら、いよいよ就寝です。ドキドキしますね（笑）。ここでもうひと手間、祓《はら》いの工夫をしましょう。

それが瞑想《めいそう》です。時間は10分ほどのかんたんなものです。

パジャマで布団かベッドにでも座り、軽く目をつむって、呼吸します。

呼吸のポイントは2つです。

ひとつは、鼻で腹式呼吸すること。

もうひとつは、呼吸に意識を向けることです。

吸っているなー、吐いているなー、ということを意識するのです。

腹式呼吸は大きなメリットがあります。

ネガティブなエネルギーのブロックに効果があるのです。

腹式で呼吸をすると、へその指2本分下にあるといわれる丹田が活性化するのですが、そうするとブロックするパワーも強くなります。

寝る前の腹式呼吸で、寝ている間もネガティブなエネルギーを防ぐことができるのです。腹式呼吸の仕方がよくわからない、自信のない方は、音楽の専門家によるボイストレーニングをおすすめします。本格的な腹式呼吸を身につけられますよ。

呼吸に意識を向けることも意味があります。

吸って吐いてを意識する非常に単純な行為です。なので、すぐに自動的に意識できるようになりますが、そうなると、集中力が増し、精神が安定してきます。

さきほどお話ししたフロー状態です。このフロー状態に入る前は、雑念がかなりわいてくるでしょう。それはもう流してください。

「あ、いろいろ考えがわいているなー」と思う程度にして、あとは放っておくのです。

雑念がわくことは、心の「祓い」です。

掃除をすると、ちり・ほこりが舞うようなもの。「なんて自分は雑念があるのか！」などと、気にすることはありません。

瞑想を終えるときは、合掌して、

「今日1日、無事すごすことができて、感謝いたします。はらいたまえ　きよめたまえ　かむながら　まもりたまえ　さきわえたまえ」

と祈りの言葉を唱えます。これで寝る前の儀式は完了です。

寝る前にお風呂に入り、10分ほど瞑想する。そうして、身体と心の祓いをした「神聖な自分」になってから眠りにつきましょう。

不思議なもので、そうするとなんだかわからないけれども、現実がよいように動いてくれます。

寝ている間に、潜在意識がいいぐあいに書きかわるようですね。寝ているので、よくわかりませんけど（笑）。

なぜものを大事にすると運がよくなるのか？

神社の見えない仕組みは**「運がよくなる買い物術」**にも応用できます。

あ、変な開運グッズを紹介するわけではありませんので、ご安心を（笑）。

「万物に神宿る」という考え方がありますね。

世の中のあらゆるものに神性があるとする日本独特の宗教観です。

そうすると、こういう見方ができます。食べ物も服も時計もカバンもコンピュータも冷蔵庫もなにもかも神さまだよ、神社だよ、インターネットのようにつながっているのだよと。

神社インターネットのつぎは、もののインターネットです。

またインターネットかよと突っ込まれそうですね（笑）。

ＩＴ業界でも「もののインターネット」というコンセプトが注目されていますが、**見えない世界でもものはつながっている**のです。

「神社は人々の祈りの集合体」でしたね。そしてこれは神社以外にも応用できました。**ものも人々の祈りの集合体になりうる**のです。

あるものを使用すると、そのものとつながる他者の意識につながります。

具体的には他のユーザーであり、ものの開発にたずさわった人や組織です。

たとえば、**あるメーカーのパソコンを使っているとしたら、そのメーカーのパソコンを使う他の人や、メーカーの人たちと集合意識を形成する**ことになるのです。

ということは、そのものを大事に感謝して使用すると、じつは他の集合意識を形成する人たちの後押しをえられるわけです。

あるものを大事にするということは、そのものとつながっている人や組織を大事にすることにもなるのです。

大事にされると、そのものの集合意識全体が活性化し、お返しに大事にしてくれた人の

応援をする仕組みになっています。

「ホンマかいな」と思われそうですが、ものだって、神さまのようにご利益があります。

多くの商品は、誰かの不便を便利にしようとこの世に生み出されました。だから、自分が日々使っているものにも感謝してください。神社の参拝と同じことなのです。**買ったものは大事にしましょう。あるいは大事に思えるものを買ってください。**そのものにつながる見えない世界が、あなたを応援してくれます。

もうひとつポイントがありますね。それはなにを買うと運がよくなるかです。

これは結論をさきに申し上げます。

「長年愛されてきた商品」を買うのが鉄板です。

商品も集合意識です。ですから、「長い歴史をもつ商品」の集合意識は、それだけ力が大きくなります。

多くの人が、その商品を愛用してきたわけですから、もののインターネットも大きくパワフルなわけですね。

ものの価値は、関わる人々の祈りの質で決まると、僕はとらえています。

ただ、そのものから力をより引き出すのは、自分次第です。

どれだけそのものを大事にあつかうのかで決まるわけですね。

けっして、高い商品を買えば運がよくなるわけではありません。

作り手がどれだけ魂を込めているか、人々がどれだけ大事に使っているか、そして自分がどれだけ大事に使っているか。その3つの総和がものの価値を決めるのです。

なので、歴史の浅い商品でも、作り

手の「気合いの入ったもの」で、購入者の愛用率も高そうであれば、喜んでその集合意識の一員になりたいですね。

運命を変える人間関係「裏の仕組み」

人間関係も、神さまやものとの関係と同じく「見えない仕組み」があります。

神社の見えない仕組みを人間に当てはめると、**「あなたも私も集合意識である」**ということ。この理解が基本です。

別のいい方をすると、「私とは人間関係」なのですね。親、伴侶、友人、恋人、その他これまでさまざまな他人が私に対していだいてきた「思考・感情」、そして私自身が私に対していだいてきた「思考・感情」、この2つの思考・感情を足したのが私です。

「私」という存在は、他人と自分が「私」に対していだいてきた意識の集合体だということですね。

だから他人との関係も、目の前の相手だけ見ていては不十分です。

相手のご家族や友人知人、ご先祖様などお亡くなりになった人たちまで意識します。

目の前の方には、故人もふくめてたくさんの人間関係が広がっており、その関係全体がその方なのですね。


でも、**もっとも大事な人間関係は自分自身との関係**です。

僕の事例をお話ししますと、じつは僕は目上の人がダメだったのです。

年上とか、あるいは年下でも格上の人とか、目上にあたる人物とは、親しい人間関係はまったく構築できませんでした。

いや、親しいどころか、無難な関係すら築けない。ようは「会話が成り立たない」状態だったのですね。

それでコーチングという前向きな人生相談を職業とするFさんに、こんな相談をしました。

「近々、業界では一流の人たちばかりとの飲み会に参加するのですよ。まともに話せるかどうか、心配です」

Fさんは「あなたも一流じゃないですか。一流だという意識ですごしてみるといいですよ」と。そのアドバイスがきいたようで、以降、この飲み会に限らず会話が成り立つようになりました。

劣等感をおぼえる相手とは、僕はまともに会話できなかったわけですね。

それがこの「あなたも一流ですよ」という言葉で、一瞬でエネルギーが変化したわけです。

実際に僕が一流かはともかくとして、自分で自分を卑下すると、ろくな結果になりません。**自分自身に対しても「敬意」って必要**だなと思った出来事でした。

でもなかなかそうは思えない方もいるでしょう。

でも日本の神さまを思い出してください。

カグツチもイザナミもタケミナカタも大きな挫折と後悔を経験し、「同じ思いを他の人にはさせたくない」と決意したことで、神さまの徳をえました。

だからあなたも大きな挫折と後悔があり、そして少しでも元気が戻ってきたらこう思ってください。**「神さまになる機会をえた」**と。


他人との関係は「敬意」に加えて、「誰といるか」という視点も必要です。

単純な真理ですが、「周りに誰がいるか」で引き寄せるものは変わります。


僕自身、小学4、5年生のころに、このことを痛感する出来事がありました。


通っていた学習塾での話です。週2回の火曜・木曜コースに通っていたのですが、2つクラスがあり、成績のよい方が2組、悪い方が4組でした。

僕は当初4年2組にいたのですが、そのときは年6回ある全国模試の成績が300番台でした。

それが半年たって4組に落ちると800番台にまで落ちたのです。

模試の受験者数は覚えていませんが、塾の先生はだいたい2400人と言っていました。

4組に落ちた理由は、病気で模試を1回休んだから。休んだ回はゼロ点あつかいになってしまったのですね。

このときの成績の下がりぐあいは本当に急激でしたね。

4組に移った途端、500番台→600番台→800番台と、模試の順位は順調に（笑）落ちていきましたから。ちなみに模試500番台は、30名近くいる4組では2位の成績でした。

4組ではよい成績なので、危機感もあまりわかなかったですね。

結局、翌年2組に復帰したらすぐに模試の成績も300番台に戻りました。以降それより落ちることはなかったです。

自分はなんにも変わっていないのですよ。勉強時間だって変わっていません。

変わったのは環境。周りにいる人間だけが変わったのです。

でも、その影響は「数字」としてストレートにあらわれました。

引き寄せの法則は「それ自身に似たものを引き寄せる。類は友を呼ぶ」でしたが、もうひとつの似たことわざも真理です。

「朱にまじわれば赤くなる」です。あなたの周り、冷静に客観的に観察してください。人間は周囲と同調する生き物なのですから。

性のエネルギーは男と女でどう違う？

ここまで読みすすめてきて、ひとつ足りないものがあると感じた人もいるかもしれません。人間を語るうえで欠かせない「性」です。

性的なエネルギーは強力です。「成功するうえで欠かせない」と言う人がたくさんいるのもうなずけるパワフルなエネルギーですよね。

ただ、**男性と女性とではとらえ方が真逆**といってよいほど変わってきます。

目に見えない世界の視点で見ると、２つの見えないエネルギーが働くのですが、その方向が真逆なのです。

それは「上昇する火のエネルギー」と「下降する水のエネルギー」です。

男性的なのは「火」、女性的なのは「水」です。

上昇する「火」と、下降する「水」が合体すると、上から下へ、下から上へとエネルギーの循環運動が起こります。「火（か）＋水（み）＝神（かみ）」。

これが「性」の見えない仕組みです。

「火」は立身出世のエネルギーです。

炎をイメージしてください。下から上に燃え上がりますよね。

「火」は上昇し、進化する力のシンボルです。

進歩的・攻撃的で、成り上がり・駆け上がっていくのが火のエネルギーといえます。

性における男性の動きや性器の変化を思い出してもらえれば、火は男性的なエネルギーであることが、おわかりいただけるのではないでしょうか。

「水」は奉仕・恵みのエネルギーです。

川や水道の水をイメージしてください。上から下に流れていきますよね。

「水」は下降し、すべてを包み込む力のシンボルです。恵みの雨のように、ほどこし・与えるのが、水のエネルギーといえます。

男性器を包み込む女性器とか、月経で体外に血が排出されることを思い出してもらえれば、水は女性的なエネルギーであることが、おわかりいただけるのではないでしょうか。

火は底辺から頂点へ向かうエネルギーであり、水は頂点から底辺に降り注ぐエネルギーということですね。

なので**精力の強い男性は、立身出世しやすい**と思ってもらって間違いないです。

課題解決力が高く、ネガティブなパワーをはねかえす力もあるので、さまざまな障害を力強くのりこえていけるわけですね。

50歳から見えないエネルギーの転換が起こる

ここまで、男性と女性のエネルギーは真逆とお話ししました。

ただ、**50歳前後になると、女性も男性も見えないエネルギーの転機をむかえます。**

女性の場合は閉経をむかえますが、ここで水から火へのエネルギー転換が起きます。閉経のことを「上がる」といいますが、**エネルギーの方向も下降から上昇に転換する**のです。

じつは、女性のいわゆる霊能者は50代でその能力が開花する方も多いのですが、それはこのエネルギー転換が原因です。ここから一転してパワフルな火のエネルギーに切り替わるわけですね。

一方、男性の場合は精力が低下します。

男性の火のエネルギーは年々おとろえる一方で、なんとかそれを低下させまいとがんばるわけですね。女性と違うのは、女性は自然に（あるいは強制的に）水から火へのエネルギー転換が起こりますが、男性は単におとろえます。

ここで**中年期以降の男性に提案したいのは、水のエネルギーを開発すること**です。

水のエネルギーは、上から下へ働くマネジメントや統治にも向いたエネルギーです。水の奉仕するエネルギーは、リーダーシップ論においては「奉仕型リーダーシップ」として、その有効性を認められています。

水のエネルギーといえば、代表的な神社は日本三大弁天といわれる厳島《いつくしま》神社、江島神社、竹生島《ちくぶしま》神社です。

それぞれ厳島神社は平清盛、江島神社は北条時政《ほうじょうときまさ》、竹生島神社は豊臣《とよとみ》（羽柴《はしば》）秀《ひで》吉《よし》と、天下を取った人たちがとくに信仰しました。

火のエネルギーで代表的なのは、京都や東京の港区にある愛宕《あたご》神社と静岡の秋葉神社です。

どちらも山です。成り上がり・駆け上がるエネルギーだけに、神社も高いところにあるわけですね。これから上がっていく若い人におすすめですよ。

神社とお寺と修験で、見えない力の三拍子がそろう

ここまで神社のお話を中心にしてきましたが、「ではお寺はどうなのか？」と気になる人もいるでしょう。また、日本には山岳修行をする修験の道もありますね。それぞれ見えない世界での働きは異なり、キレイに役割分担されています。

仏教はハートと呼ばれる胸の中央部付近のエネルギーが開花する働きがあります。なんのこっちゃ？　と思う方も多そうなので、さきにメリットをいうと、**仏教を学ぶと他人の助けがえられるようになります。**

本書はここまで神さま・神さまとしつこく連呼してきたので、どうしたら神さまの

後押しをえられるのか、という興味をいだいた方が多いでしょう。

それは神社の役割です。目に見えない世界とつながり、見えない存在からの後押しをえるのは、神社が最適です。

しかし人生は当然、神さまの助けだけでなく、いま生きている人間からの助けも必要です。

それは仏教の得意分野です。

仏教というのはブッダという人間がえた人生についての悟りを学ぶ学問です。

多くの宗教では「神」と「天国」がありますが、仏教にはありません。

つまり、死後あの世で幸せになるための教えではなく、いまこの世での生き方を追求する教えなのですね。

それこそ仏教界の方にはおしかりを受けるかもしれませんが、アドラー心理学などと同列に並べてもよいものだと僕は受けとめています。

神は神社にいますが、人はお寺にいるのです。

人については仏教に学んでください。

一方、修験道は人里離れた自然の中で苦行をします。わりとポピュラーなようで、たとえば滝行をする人たちが僕の周りでも10分の1の確率でいます。

修験の世界は、滝行がわかりやすいですが、腹からわきあがるようなパワーがきます。

作用・反作用の法則で、上から滝という強力なエネルギーが落ちてくると、反対に下から上に反発するエネルギーもわいてくるのです。

腹からの爆発的なパワーをえて、野生の動物のような鋭敏な直感と、活発な行動エネルギーを、修験の世界では養います。

見えないエネルギーの視点で見ると、修験とお寺と神社でボディ・マインド・スピリットの三拍子がそろいます。

ボディは修験、マインドはお寺、スピリットは神社です。

これが日本伝統のスピリチュアルな教育体系です。

真言密教はキリスト教!?　違いを生み出す空海のパワー

日本伝統のスピリチュアルな教育体系がある中で、じつは異色の教育プログラムがあります。

それが真言密教です。真言密教を創った弘法大師・空海の存在です。

これはもう僕の妄想と取っていただいてよいのですが（ここまでは妄想じゃないの？　とは突っ込まないで！）、**真言密教とキリスト教のエネルギー、似ているのですよ。**

僕は幼稚園、中学・高校・大学とキリスト教の学校に通い、キリストの教えに親しく接してきました。シスター（修道女）から、道徳もきびしく刷り込まれましたので、僕の倫理観はキリスト教徒といってもいいかもしれません。

その**キリスト教から、僕の触覚的霊能が感じるエネルギーは、足下からわきあがってく**

るような方向性のエネルギーです。

これはイメージとしてとらえていただきたいのですが、どなたかが足下にひれふして、そして足の甲に手をそえてお力を与えてくださるような、そんな感覚なのです。

そのキリスト教と同じようなエネルギー感覚を、南無大師遍照金剛《なむだいしへんじょうこんごう》という真言密教のお経からも感じます。

これは専門用語になってしまいますが、**キリスト教も真言密教も、アース・スターチャクラ（地球の星の車輪）を活性化する**のです。

アース・スターチャクラは、足の下12センチくらいのところにある、僕たちの見えない霊的な身体の一部です。ここが活性化すると、まるで地球や人類全体と自分がひとつにつながったような、意識の拡大を感じます。

ボディ・マインド・スピリットのエネルギー以外に、さらにアース（地球）のエネルギーもあったということですね。なんのこっちゃかもしれませんが（汗）。

もともと日本人の宗教観は、神人合一といって、人間も精進すれば神・仏になれるというものです。

人間と神仏を別の存在とはとらえていないわけですね。

しかしキリスト教では、神と人は別の存在です。

万物の創造主である神と、創造された作品である人間という、絶対的な違いがあります。

その違いは「アガペー」という神の無償の愛、無条件の愛、キリストが人々の罪を背負って十字架にはりつけられ処刑されたような自己犠牲の愛にあらわれています。


この自己犠牲の愛「アガペー」のエネルギーを受けとると、アース・スターチャクラが活性化します。

他者が足下にひれふし、そしてその人からエッセンシャルオイルを足にぬられ、さらに髪で足をふかれるような、**自己犠牲の愛を受けとると、なぜか自力を超越した意識の拡大がもたらされます。**

日本人の宗教観ではなじみのない愛の形ですが、真言密教のエネルギーだけは、この「アガペー」のエネルギーを感じます。

空海はひょっとするとキリスト教を学んでいたのかもしれません。

空海は唐に留学していますが、当時の唐ではキリスト教の一派・ネストリウス派の「景教」が流行していました。その気になれば情報を集めることはたやすかったでしょう。

真言密教には香水《こうずい》を頭に注いで特定の仏様とご縁を結ぶ「灌頂《かんじょう》」という儀式がありますが、これはキリスト教の「洗礼」と似ています。

こうした想像は想像として、**アース・スターチャクラを活性化するエネルギーシステムは、キリスト教と真言密教の共通の特色**ととらえています。

トヨタ式は神社式！ 成功に導くカイゼンの仕組み

ここまで目に見えない世界の仕組みをいろいろご紹介してきましたが、じつはこうした**見えない仕組みを、経営の仕組みとして見える化している企業があります。**

それがトヨタです。じつは**トヨタ式の業務改善と、神社の業務はよく似ています。**

神社で神職の方々が行なう業務は、大きく分けると２つです。

それは**「掃除」と「結界」。**

その目的は、神さまが神社に降り立てるよう「場のエネルギーを整える」ことです。

結界について少し補足しましょう。結界とは、一定の地域になにかよろしくないものが入るのを防ぐことです。

そのために、鳥居を立てたり、注連縄《しめなわ》をはったりしますが、基本は「線引き」。

ここからは聖なる領域ですよと、物理的に線を引くわけですね。

この神社の掃除と結界は、トヨタ式カイゼンでも基本です。

トヨタ式の基本は、5S「整理、整頓、清掃、清潔、しつけ」の徹底です。目的は、仕事をとどこおりなくすすめるための環境づくり。仕事がつまずくブロックを、徹底的に取り去るわけですね。

神社はまさに5Sの見本でしょう。5Sができていない神社もありますが、どうしてもさびれた、うらぶれた印象を与えてしまいます。

そしてもうひとつ「結界」ですが、トヨタ式カイゼンは、結界を使って整理、整頓を実現しています。もちろん「さあ結界をはりましょう！」とは言わないですよ（笑）。

トヨタ式の結界は「区画線」を引くこと。線を引いてものの位置を定めるのです。

そうすることによって、決まった置き場所にちゃんと戻そうとする心理が働き、「あれはどこだっけ？」と迷うことなく、必要なものをすぐに取り出せます。

細かいことに思える人もいるかもしれませんが、**見えない世界の視点から見ても、トヨタ式は非常に理にかなっています。それは「気の流れ」がスムーズになるからです。**

「場のエネルギーを整える」のに、もっとも障害になるのはなんだと思われますか？

それはカオス（混沌《こんとん》）です。

カオスが場を支配すると、エネルギーから方向性が失われ、前にも後ろにも上にも下にも、どこにも行けなくなり「停滞」します。

トヨタ式カイゼンの本質は、みんな

の意識を特定の方向にそろえることで、場のエネルギーを整えてしまうことにあります。

場のエネルギーが整うと、心理学的な観点からもいいことがあります。

それは集中力がとぎすまされ、パフォーマンスを最大化できるフローの状態に入りやすいからです。

フローに入りやすい条件は、「つぎになにをやるか考えずに、自動的に作業ができる状況」です。考えながら行動すると、集中力も切れてしまうわけですね。

トヨタ式カイゼンにより職場のカオスを徹底的にとりのぞくと、フロー状態になりやすい場ができあがります。

だから神社でも余計なことは考えないことです。

整理、整頓、清掃、清潔は神職の方がしてくれます。

しかし「しつけ」については参拝者も関係します。「しつけ」とは、トヨタ式では決められた手順やルールを守る習慣のこと。

参拝の基本的な手順やルールを覚えたら、あとはもう余計なことを考えずに実行するだけ。

そうすれば**神社参拝でもフロー状態に入りやすくなりますよ。**

トップの権限はゼロ！ドワンゴの神社システム経営

「ドワンゴのガバナンス（統治システム）って意味でいうとですね。ウチは、社内のあちこちに『神社』があるんですよ」

インターネットの動画配信サイト「ニコニコ動画」で知られる株式会社ドワンゴの創業者・川上量生《のぶお》氏の発言です。

２０１４年12月に任天堂の社長であった故・岩田聡《さとる》氏との対談で、ドワンゴ内では権限がないと語る川上氏に対して、「でも川上さんが言い出したことは実現している、それはなぜか？」という岩田氏の質問に対する返答でした。

ここでいう「神社」は、社内で影響力の強い人物を指しているようで、川上氏によると「その神社の前にいって、お願いごとをすると、ときどき願いがかなうんです（笑）」とのこと。

この**ドワンゴの意思決定の仕組みを、川上氏は「神社システム」と名付けています。**

冗談のようで本気なのは、川上氏が代表取締役会長なのにもかかわらず、**「権限がなにもない」「決裁権も人事権も予算決定権もない。誰にも指示できない」**ことにあらわれています。

創業者の権限は、多くの会社では絶対です。それにもかかわらず、権限もなにももたないのが、ドワンゴの神社システムにもとづく経営です。

ご本人は語られていませんが、**ドワンゴのガバナンスは神社のおみこしと同じ仕組みです。**

おみこしは移動式の神社です。おみこしの中には神さまがいらっしゃるわけですが、物理的には空っぽです。当然ながら「かつぎ手」に対して、あちらに行け、こちらに行けと指示することはありません。

おみこし型経営は、日本的な集団経営をあらわす言葉でもありますが、ドワンゴの神社システムには大きな違いがひとつあります。

それは**ドワンゴの神社システムでは「トップの権限はゼロ」だと制度化している**点です。いくら集団経営といっても、日本の多くの会社ではトップに権限はあります。当たり前ですね。

トップの権限をゼロにすることで、本当におみこしのように「空っぽのトップ」をいただく神社のような会社になりました。

これでうまくいくのかと不思議になりますが、川上氏はドワンゴをゼロから東証1部上場にまで成長させました。成功例であることは間違いないでしょう。

トップの権限がゼロでいったいなにをやっているのかと不思議になる人もいると思

うので補足しますと、**CEOらしく先進的なビジョンの提示**です。

ＫＡＤＯＫＡＷＡとの経営統合やスタジオジブリへの入社、人工知能研究所の設立など、周りを驚かせる動きは、今日明日の飯の種ではなく、数十年先の未来を見すえた行動ではないでしょうか。

神社に行かないならライブに行け！　アイドル神社説

ここまで読まれた方は、普段神社に行かない方でも、さすがに「ちょっと行ってみようか」と思うのではないでしょうか。

「いや行かない！」というガンコ者もいるかもしれませんね？　では、ちょっと代わりのアイデアを提示しましょう。

それが「ライブに行こう！」です。

音楽のライブやトークライブなど、会場に一体感が起こるような場です。

たとえばアイドルのコンサートは、神社の代わりになります。

「おいおい」と今度は神社好きからツッコミが来そうですね。

アイドルでなくとも、サザンオールスターズやMr.Childrenのようなロックミュージシャンのコンサートでもいいし、心理カウンセラーの心屋仁之助さんが好きなら心屋さんのライブでもいいです。

ライブは「集合意識をつくるお祭り」です。

舞台の上に立つ芸能人と、それを見に来たファンの人たちで集合意識「祈りの集合体」ができるのです。コンサート会場までの道のりはいわば参道ですね。

野球やサッカーが好きな人ならば、試合観戦に行ってください。

同じユニフォームを着て、身体を動かして応援し、**会場のみんなと同じリズムになることで集合意識の一部になるのがライブの醍醐味《だいごみ》です。**

見えない世界で働く仕組みは、ライブと神社は似ています。

ライブで味わう一体感は、かなり「祓い」のエネルギーになるのです。

以前、新横浜駅からＪＲに乗ると、日産スタジアムで行なわれたアイドルグループ「ももいろクローバーZ」のコンサート帰りの人たちと出くわしました。

すごく楽しそうに感想をシェアしていたのですが、そこで印象的だったのが「つぎの○○（次回のコンサートと思われる）があるから、それまで仕事をがんばれる」とおっしゃっていたこと。

こんなふうに日常をがんばれる元気の素になるって、すごく素敵なことだなーと感動したのを覚えています。

神社に行くことで、統計的には「愛と貢献意欲」が高まるとお話ししてきましたが、ももクロのコンサートにもきっと同じような効果があるだろうなと直感しました。

カオスではなく、一体感の生じるようなライブであれば、フロー状態にもなりやすいです。

もしあなたに好きな芸能人がいて、みんなと一緒にライブを楽しめるのであれば、それはすごく素敵なこと。ライブに行ったことがなければ、ぜひ行ってください。

きっとあなたの人生を豊かなものにしてくれるでしょう。

4章

神社式
コミュニケーションで
仕事も人間関係も
うまくいく

JINJA

かんたんに答えが見つかる！
見えない世界とのコンタクト法

神社の神さまは、意思と目的をもった知的生命体であり、知的な空気であると書いてきました。

そんな目に見えない神さまと、もっとわかりやすくはっきりとコミュニケーションをとるにはどうすればいいでしょうか。

神さまとお話しする。対話する、会話する、おしゃべりする。

それができれば、わかりやすいですね。

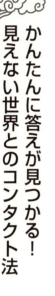

神さまとお話しするなんていうと、怪しくて、たとえば一般的なビジネスの研修では紹介できないようなものと思われるかもしれませんね。

僕もそう思います。しかし、「神さまとか霊とかスピリチュアルという言葉を使わなければいいのでは？」とも思います。そこはＴＰＯですよ。

じつは**神さまと対話するのは、すごくかんたん**です。

しかもビジネスシーンにおける問題解決のような、実際の場面にもかなり役に立ちます。

僕は勤務していたコンピュータメーカーでも普通に使っていました（笑）。

どういうやり方か。これ、一言で書けちゃうんですよ。

「問いをもつ」

たった、これだけです。これで誰でも見えない世界とコンタクトできます。

神さまとのコンタクトに、いわゆる霊能力は必要ありません。

必要なのはたったひとつ。それは「問い」です。

見えない世界に問いかけると、「答え」が返ってきます。

その答えがインスピレーションであり、ひらめきであり、直感です。

僕の事例を出しましょう。ある人との会話です。

僕「最近、男の友達がぐっと減りましてね。昔はウダウダとどうでもいいことをなん時間でも話す相手がいたのですけど」

相手「どういう人間関係が理想ですか？」

僕「えー、どうだろうなあ？　会社の寮にいたころは楽しかったんですけどね。仕事終わったら、食堂で一緒にご飯を食べて、朝起きたら同僚が部屋で僕のパソコン使ってたりね（笑）」

「男の友達がすごく減った。どうしたらいい？」という「問い」をもったわけですね。そして「答え」は数時間後にやってきました。

お笑いタレントのタモリさんが教えてくれたのです。「神さまじゃなくてタモリさんかよ！」というツッコミが聞こえますが、ちょっとお待ちください（笑）。

「ヨルタモリ」って番組が以前あったのをご存じですか？

女優の宮沢りえさんとタモリさんが湯島のＢａｒ「ホワイトレインボー」のママと

常連客になって、ゲストをお迎えするトーク番組です。

　僕が見たのはゲストがＳＭＡＰの草《くさ》彅《なぎ》剛《つよし》さんの回でした。

　ここでタモリさんがおっしゃったわけです。

「友達なんていなくたって生きていけるんだよね」

　さらにタモリさんは続けます。「『友達１００人できるかな』ってなんだあれ？　シール集めるみたいなもんだろ？」と。いやー、刺さりました。

　そして同じ日に「教養」をテーマにした本をインターネット書店のＡｍａ

zonで探しました。そこで目にとまった本の題名が、『君に友だちはいらない』（瀧本哲史著／講談社）。

ダメ押しです（笑）。


ここまで来るとおわかりいただけたでしょうか。

「問い」をもつと、答えが「世の中から」「偶然のタイミング」で返ってくるのです。

なにも「神さま」と名乗る存在がドドーン！　と目の前に出てきて、「君の質問に答えよう」なんて声が聞こえてくることを期待する必要はありません。


この神さまとのコンタクト法は、じつはアメリカの大学で学生が教わる本の読み方と基本は同じです。大学生が学ぶ本の読み方は、つぎの3つのステップです。

①本を読む前にもくじをざっと眺める
②「問い」をつくり、この本を読む問題意識をもつ
③その「問い」の答えを探しながら、本文を読む

神さまに質問をするというのは、**世の中という名の本を、問題意識をもって読むことなのです。**

本書でいう神さまとのコンタクト法は、ビジネス研修では「アンテナを立てる」という言い方をします。「問い」がアンテナです。

「見えない世界」にアンテナを立てると、有益な情報に気がつきやすくなります。だからビジネスシーンや日常の問題解決にも役立つわけですね。

〝ろくでもない会議〟に呼ばれたら、会議室を神社化してしまおう!

もうちょっと霊能者っぽい方法も紹介しましょうか(笑)。

トヨタ式カイゼンでも出てきた「場のエネルギーを整える」方法です。

場のエネルギーを整える方法を、スピリチュアルな業界では「ヒーリング」といいます。

ヒーリングすることで、場のエネルギーを整えたり、自分の身をネガティブな出来事から守ったりすることができます。

たとえば会議のシーンでヒーリングしてみましょう。

ろくでもない会議ってビジネスでは普通にありますよね。

ありますが、ヒーリングすると、かなりマシです。

人目があるとやりにくい方法もあるので、可能な範囲でお試しください。

▼なぜかうまくいく！　会議室を神社化するテクニック

①会議の直前に周囲のものにさわりながらあいさつする

部屋の入口扉、四方の壁、机、椅子、ホワイトボード、配布資料などに軽くさわります。さわりながら、**「よろしくね」「みんなにとってよい方向**

に向かうよう応援してね」と心の中であいさつします。周りの目があるときは、自分の座っている椅子、配られた資料、そして目の前の机のふちに、このように声かけするといいです。

②会議中は、「理想の状態」をイメージもしくは光り輝く太陽をイメージ

こうなったらいいな、という理想の状態をイメージして、会議にのぞみます。理想の状態がよくわからない方は**「部屋のど真ん中にでっかい太陽が光り輝いている」**とイメージしてください。わけがわからないかもしれませんが、**太陽には願望実現のパワーがあります。**

③会議の直後も周囲のものにさわりながらあいさつする

部屋の四方の壁、机、椅子、配布資料などに軽くさわって、**「応援してくれてありがとう」**と心の中で声かけします。

④会議室を出る際に扉にお礼を伝える

どんな結果であろうとも、です（笑）。どんなにひどい会議であったとしても、その部屋、備品、配布資料がみんなを支えてくれたのは、間違いのない事実なのですから。

これを続けていると、引き寄せの法則でも働くのか、**ろくでもない会議には、そもそも呼ばれなくなっていきます。**理想的な展開です（笑）。

出張先では、まず地域の神社に参拝する

この会議でのヒーリングは、セミナー・研修でも活用できます。

僕はよくセミナー講師をしますが、会議のときと同じように部屋の入口扉、四方の壁、机、椅子などに軽くさわって、あいさつします。

さらにセミナー講師のときは念入りに、部屋の四隅に対して、神社でお参りするように、柏手《かしわで》を2回うって、深く一礼し「よろしくお願いします」と心の中で唱えます。

ひとつ注意点をあげるとすると、時計回りでお参りしていきます。**時計回りで柏手をうち一礼することで、その部屋に結界をつくる**のです。

ちなみに反時計回りは、結界の解除を意味します。


ようするに**セミナールームを、一時的に神社化する**わけですね。

本物の神社のようにセミナールームの入口に注連縄《しめなわ》をはっても神社化できますが、参加者が怖がって帰りますから、それはやめましょう（笑）。

冗談のように書きましたが、注連縄だと結界が強すぎて、部屋に入りにくくなりますよね。セミナールームをそこまで聖域化する必要はありません。


泊まりで出張する場合、あいさつするのは、宿泊する部屋の入口扉、部屋の四方、ベッド、あとはバスルームの扉ですね。

ホテルの部屋なら、人目もないですし、軽く水をまいて浄化しましょう。

小さな霧吹きスプレーを持参し、また時計回りで部屋の角に塩水を吹きかけます。霊感が強いと自覚のある人は、これくらいした方がいいでしょう。

また**出張先でビジネスをするならば、その地域の神社にあいさつするのも忘れてはなりません。**

僕は、信用金庫のような地域密着型ビジネスの企業と仕事をするときは、必ずその地域の神社に参拝をしていました。

地域の神社にあいさつすることで、その地域の集合意識とつながることができます。

地域の顔役に人脈をつくるのと同じくらい、いやひょっとするとそれ以上に神脈・霊脈の構築は重要です。

人へのあいさつよりもさきに、神さまへのあいさつです。そうすると、神さまが裏で根回しをしてくれます。**現実を動かすには、まず見えない世界から**です。

法人も神社と思うべし！　ビジネス交渉の裏技

企業に長年勤務していると「組織って生き物だな」と感じることがあります。

実際、企業は「法人」という人格をもっています。

そして、**法人もやっぱり神社と同じく集合意識なのです。**

ただ神社の神さまや、ライブのアイドルのような「明確な中心」があるとは限りません。

明確な中心がないと、悪い意味で、場にはカオス（混沌《こんとん》）が生じ、職場の雰囲気も悪くなります。

それはさておき、法人相手に人脈をつくるのは、けっこう難しいじゃないですか。先様も売り込みを警戒していますからね。だからまず法人の守護神・守護霊とコンタクトをとるのです。

法人も神社だと思って付き合うとよいです。

法人に心の中であいさつし、感謝し、法人の歴史やご神徳を理解しましょう。

もし法人紹介の小冊子があれば、両手に持って姿勢正しく読むといいですね。

小冊子などの法人の思いがつまったものに心を寄せると、その法人の集合意識にアクセスできます。すると**法人の守護神や守護霊と、神脈・霊脈ができる**わけですね。

小冊子を読むことで、「ほう、この会社にはパワフルな女神さまがついている」なんて気づくこともありました。どの会社とはいいませんが、その会社のためにいっしょうけんめいがんばろうと思いましたね。


法人の場合、神社と違って場のエネルギーが整っていない組織が多いです。

さきほどお話ししたように、「明確な中心」となる人や使命がなく、みなの意識がバラバラで混乱したエネルギーになっている場合もあります。

そういう相手には、やっぱり「ヒーリング」です。

法人相手なので、法人ヒーリングですね。

まずひとつは建物や現場の見回りです。お客様先はウロウロしにくいでしょうから、主に自社のヒーリングにご活用ください。

散歩がてら、**建物や玄関にさりげなくさわって、心の中で「いつもお疲れさま」「お世話になっています」とねぎらいや感謝の声かけ**をします。

建物を一周するときは、さきほどのセミナールームの結界でお伝えした時計回りです。時計回りに歩き、とくに角っこは必ずタッチしてねぎらいの声かけをすることで、建物をヒーリングできます。

経営者やリーダーは、建物だけでなく人にも声かけしてくださいね。

日産自動車の販売店改革で、業績が好調な店長と不調な店長の違いをデータ分析したところ、コミュニケーションの質に決定的な違いがありました。

ダメ店長は会議のような公式のコミュニケーション時間が長く、対して名店長は雑談のようなインフォーマルなコミュニケーション時間が長かったのです。

名店長は、営業が出先から戻ってきたら、「お、どうだった」と声かけし、状況を把握しつつ、ねぎらい、プライベートへの配慮もする、人間的なあたたか味のあるマネジメントをしていました。

名店長は、会議ではなく、日々のちょっとした声かけでマネジメントするわけです。

だから人にもものにも法人ヒーリングしてください。

法人ヒーリングは、毎日のちょっとしたことの積み重ねなのです。

もうひとつ、法人ヒーリングのテクニカルなことをお伝えしましょう。つぎのステップで行ないます。

▼発展祈願！　いつでもどこでもできる「法人ヒーリング」

①ヒーリングしたい法人のイメージを思い浮かべる

②「どこそこの○○です」と自分の所属と氏名を伝える

③いつもお世話になっていますなど、感謝の思いを伝える

④思い浮かべた法人のイメージに、光り輝く太陽のイメージを重ね合わせる

⑤「宇宙の神々さま、○○（法人名）に必要なヒーリングのエネルギーをお与えください」と祈る

宇宙の神々さまの部分は、自分がしっくりくる表現（例：アメノミナカヌシ様、宇宙の根源、創造主、天の神さま、阿弥陀様など）に変えてOK。

法人ヒーリングは、その発展を本当に祈りたい法人にするとよいでしょう。本気で応援するのです。その気持ちが、法人の集合意識と深いご縁を結んでくれます。

将来のキーパーソンの見つけ方

「ウチは、社内のあちこちに『神社』があるんですよ」というドワンゴ創業者・川上量生《のぶお》会長の発言をさきにご紹介しましたが、組織や地域には願いをかなえてくれるキーパーソンがいます。

組織・地域の意思決定に大きく影響をおよぼす人です。

法人ビジネスでも地域ビジネスでも、キーパーソンを見つけて関係を築くのは、もっとも重要なことのひとつです。

ただキーパーソンが大事なことは、僕に言われるまでもなく、多くの人が知っていること。

そこで、ここでは**「将来のキーパーソン」の見つけ方**をお伝えします。

法人ビジネスや地域ビジネスといった「長いお付き合い」になるビジネスでは、いつかキーパーソンになる人を見つけて親しくなっておくとたいへん有利です。青田買いってやつですね。

どうやって将来のキーパーソンを見分けるか。それは、「集合意識」の視点で見ます。じつは**キーパーソンほど、大きな集合意識の視点でものを見ている**のです。

ビジネスパーソンの場合、具体的には会話の「主語」に注目します。その人が語るビジネスの課題や不満・理想の「主語」は誰なのかということです。

「会話の主語は、『私』でしょ。それがなんなの？」と思われるかもしれませんね。

２４７ページの図をご覧ください。じつは「私」といっても、その範囲は全然違います。ある人が「ビジネスの課題」を語った場合、その人の個人的な課題なのか、その人をふくむ仲間内の課題なのか、会社全体の課題なのか、会社を超えて社会全体の課題なのか。

僕は「私の範囲」を意識して、人と会話します。

会社のキーパーソンは、間違いなく会社全体の課題や理想を語ります。個人的な不満は出てこないし、自分が所属する派閥グループ有力者への不満を語ることもありません。ようするに、**ある会社のキーパーソンは、その会社の集合意識といつもつながっている**のです。

課長代理クラスでも、会社全体の意識と同調した発言をする人はいますし、そういう人は間違いなく出世しますね。

人によって「私」の範囲が違う

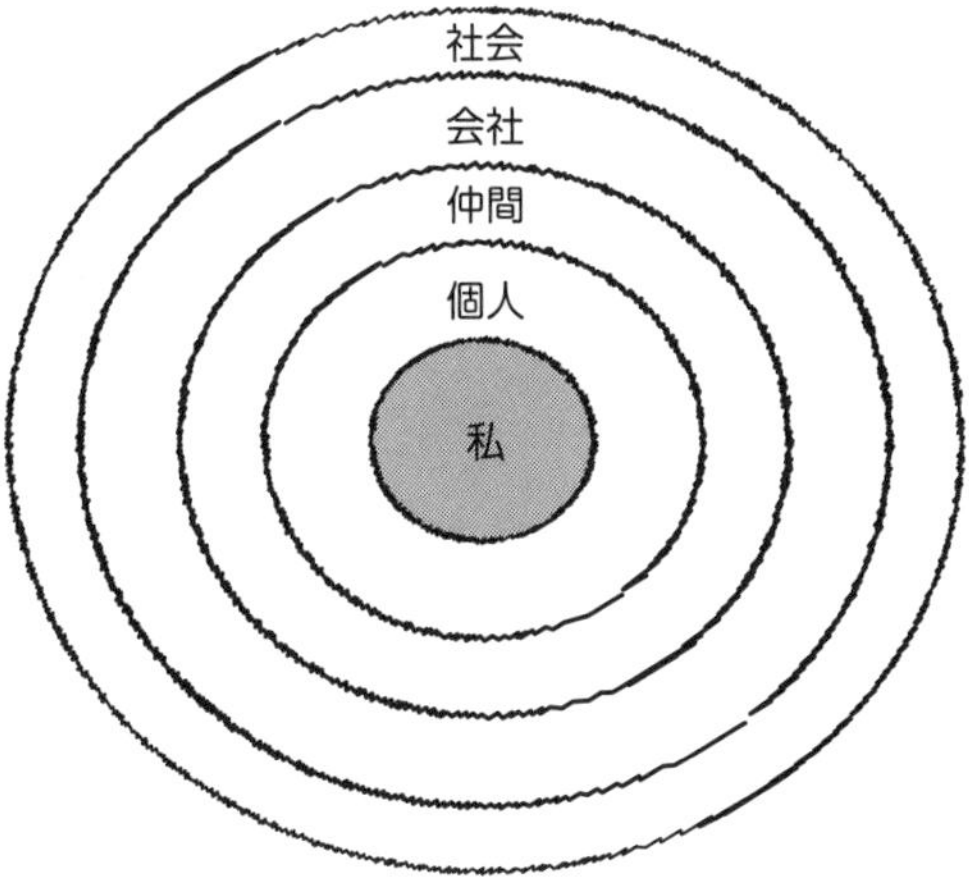

人が神社化するとき、なにが起こっているのか？

もっと怪しい話をしますと（笑）、人と会話をしていると、ときどき**「この人のそばに、なにか見えない大きな存在がいる……」**と感じることがあります。

たとえばある地方で活躍するプロスポーツ選手をインタビューしていたときにも感じました。

四国のお遍路と関係するちょっとスピリチュアルな方だったのですが、そのスポーツ選手の周りに、目に見えないけどなにか大きな存在を感じました。

神社の神さまのような存在が、その選手に宿っている気配が感じられたのです。

同じようなことは、たとえば某信用金庫の部長や、地元の大名家の墓を巡礼する某地域団体の女性にヒアリングしたときも感じたことがあります。

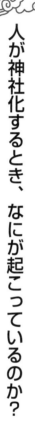

みなさん地域社会のキーパーソンになっていきました。

つまり、**ある地域全体を意識して活動していると、その地域の神さまが「普段から」共にいてくれる**ようです。

スポーツ選手はある地域の看板を背負って活躍されていますし、信用金庫の部長が話す課題は地域経済全体の課題でした。某地域団体の女性も地元の活性化に大きな貢献をしています。

このお三方のように**人間にも神さまが宿ることがあります。**

人間が神社化するわけですね。

ただご本人がそのことを明確に意識することはありません。

というのもあまり意識すると、神さまの宿っていたスキマにその人の自意識が入ってきて、神さまの宿るスペースがなくなるからです。難しいものですね。

人を動かす見えない世界のテクニック

ここまで神社・法人・地域の集合意識とつながることについてお話ししてきましたが、集合意識は自分でつくることもできます。

人を動かしたいときは、集合意識を意図的につくっていきましょう。

あなたと私という1対1の人間関係でも、座り方ひとつ工夫するだけで、「2人の集合意識」をつくれます。

向かい合って座る対面形式だとお互いの意識は反発し合いますが、**横や斜めの位置に座ると集合意識がつくりやすい**のです。

さらに「同じものを見る」「同じ姿勢や表情をする」「共同作業をする」「お互いの共通点を見つける」など、意識や行動を同調させることで、集合意識ができます。

さらに**多くの人を動かし巻き込むには「物語の共有」が効果的**です。

たとえば国レベルだと、「建国神話」や「アメリカンドリーム」のような大きな物語の共有です。

日本の建国神話は、712年にできた日本最古の歴史物語『古事記』です。

神社に祭られる神々が多数登場し、人間よりも感情をむき出しにした熱いエピソードが描かれています。

集合意識をつくるという観点から見ると、物語は「価値観や信念」を共有する手段として優れています。

とくに建国神話は、自分たちがこの国に生まれてきたルーツ。ポジティブに受けとめられれば、生きる意味やプライドを与えてくれます。

生まれてきたルーツをよい意味で知ることは、愛と貢献を生みます。

「知る」→「愛する」→「貢献する」→「パフォーマンスが向上する」でしたね。

建国神話を国民が共有すると、「国家」という集合意識が生まれ、さらに国民全体のパフォーマンス向上まで期待できます。

国家レベルでの集合意識の形成がうまくいかないと、場のエネルギーが乱れ、カオスが支配する国になります。

もちろんこのことは、企業やＮＰＯ、ＮＧＯなどの組織においても同様です。

その組織のミッションやビジョンを物語として共有すると、共有した人たちの集合意識が形成され、その組織のパフォーマンスも向上するでしょう。

物語にはそんな多くの人を動かす力があるのです。

他人に神さまを降ろす方法!?

神さまが宿るという意味では、人間も神社の一種です。

神社に参拝するように人と接すると、その人に神さまが降りてくることがあります。

一種の降霊術ですが、シャーマンやイタコのように自分自身に神霊を降ろす方法ではありません。そうではなく、他者に神霊を降ろします。

さあ、降霊術ですから、まず白装束にきがえて、いけにえを用意してください。

あ、冗談ですよ。残念ながら（?）とくに怪しい方法ではありません。

その人の美しい心がわきあがってくるように対話をする。それだけです。呪文も魔法の道具も神秘的な儀式も必要ありません。


僕が長年使ってきた「人の神性を引き出す話の聞き方」をご紹介します。

あるデザイナーさんにインタビューした事例です。

デザインするサービスのユーザーにどうお話を聞いたらいいのか、僕が手本を示すために実際にインタビューを受けてもらいました。

最初は答えやすい質問をし、それから昔話を思い出してもらいました。そして、あるひとつの質問で、ガラッと雰囲気が変わったのです。


「あなたがそんなにがんばってきたエネルギー源はなんですか?」

抽象的な質問ですね。いきなりこの質問をされては答えるのは難しいでしょう。
しかしこの一言が、デザイナーさんの美しい心をわきあがらせる引き金になったのです。そのときのこの方の返答はこうでした。

「……人の幸せが自分の喜び」

そう押し出すようにつぶやかれました。あとで確認すると、そんなことを自分が思っているなんて、このときまで考えてもみなかったそうです。
「人の幸せのために私がんばっています」なんて、素で言うには恥ずかしいセリフですね。
でもこの方の深い部分での本音は、一緒に働く人たちやユーザーが幸せそうにしている姿が見たくて、お仕事をがんばっていたのです。

人の幸せを喜びとするというのは利他の精神です。
この**利他の精神こそ、神社の神さまとも共通するもの。**

降霊術というとおどろおどろしいですが、ただ問いかけることによって、その方の美しいスピリットである「神性」をわきあがらせることができます。

人の神性を引き出す3つのステップ

人の神性をわきあがらせる聞き方は、つぎの3ステップです。

▼ビジネスにも使える「人の神性を引き出すステップ」

① 印象に残っているポジティブなエピソードを2つ、3つ聞く

ネガティブなものがまざっていてもいいのですが、結論はポジティブなものにしましょう。

②エピソードの前とあとを比較して、どのような変化が起こったのかたずねる

変化は、「自分自身の変化」「人間関係の変化」「組織・社会の変化」の3つの角度でたずねます。

③その変化を起こしたエネルギー源をたずねる

変化するには多大ながんばりが必要。そのがんばりを起こさせたものはなんなのか、モチベーションの根っこを問いかける。

この**「神性を引き出す3ステップ」**を使って、たとえば組織のメンバーに**「いまの組織で働いていて、印象に残っているポジティブなエピソードは？」**とたずねます。すると、メンバーがどういう組織変革ならば喜んで取り組むのか、その価値観や信念が見えてきます。

同様に**「この製品・サービスを使っていて、印象に残っているポジティブなエピソード**

は？」とユーザーにたずねると、その製品・サービスを新たにデザインし直すための方向性が見えてくるでしょう。

ネガティブなエピソードはどうして聞かないのか、よくたずねられますが、ネガティブな話は放っておいてもどんどん出てきます。

一方ポジティブなエピソードは、話すように促さないと、なかなか聞き出せません。**人間の神性は意識の奥底に封じ込まれがち**なのが、いまの世の中なのでしょう。

僕は多くの人が封印している神性を、神社への参拝や、このような対話の方法をお伝えすることで、解き放ちたいのです。

神さまを信じる経営者・信じない経営者、その違いは？

あるとき、60歳近い年齢の某大手企業の経営者と話していたときのこと、話が発展して「経営者と宗教」の議論になりました。

論点は、「神さまを信じている経営者は信用できるのか？」ということ。

このとき、ちょうど、神さまを信じていない某経営者の行動について情報を共有していたので、神さまを信じない経営者と、信じている経営者の違いを比較することができました。

神さまを信じている・いないと、経営者の「もうける能力」は関係しません。

しかし、行動面で違いは出ます。どういう違いかというと「倫理観」です。

神さまがいると思うかどうかで、経営者の倫理観は大きく変わってきます。

具体的には「裏表」です。

神さまがいると信じている経営者は、裏表がなくなるのです。

なぜなら、人が見ていなくとも神さまが見ているから。

だから、**人目のないところで態度が変わることもないし、立場の弱い人に無礼な態度をとることもありません。**

逆にいえば、神さまを信じていない経営者は裏表があります。

人の見ているところと見ていないところで態度は変わりますし、人に対する態度も、立場の強い・弱いで変わります。

もちろんこれは経営者に限った話ではなく、すべての人に当てはまること。

ただ**経営者の裏表の落差が大きいと、会社全体の場のエネルギーが乱れます。**

経営者の裏表により、関係者の意識も、あっちを向いたりこっちを向いたりとバラバラになり、会社全体がカオスになっていくわけですね。

「四天王結界」で魔物を封じ込める！

陰陽師《おんみょうじ》、ご存じですよね。野村萬斎《まんさい》さん演じる超かっこいい安倍晴明《あべのせいめい》が人気になって、ずいぶんと有名になりました。

「結界術」を覚えると、陰陽師っぽく見えますよ。

日常にも使えるテクニックなので、ひとつ具体的な方法をお教えします。

まず前提として、結界は2つの役割があります。

それは防御と封印です。

防御は、外部から魔物が侵入するのを防ぐこと。「外から入るのは禁止」です。

逆に**封印は「内から出るのは禁止」**です。魔物が内部から出るのを封じ込めるわけですね。

神社を観察すると「禁足地」というのがあります。これが封印です。

注連縄がはられているので、参拝客はみな「あー、ここは立ち入り禁止か」と理解するのですが、じつは意味が逆です。

禁足とは「外出禁止」のこと。**注連縄の中にいる「なにか」が外に出るのを禁止している場所なのです。**もちろん参拝客は入らない方がいいですよ。キケンですから。

自分の身を守る結界で、ポピュラーなのは「石」の使用です。

よく腕にパワーストーンのブレスレットをはめている人たちを見かけますね。

あのパワーストーンブレスレットも結界の一種です。外部の魔物・邪気から身を守ると同時に、自分の中にいる魔物・邪気が外に出ないよう封じ込めているわけです。

だから、**自分の内側をちゃんとコントロールできるようになったら、パワーストーンブレスレットは卒業しましょう。**


イメージワークで結界をはることもできます。

僕は「四天王結界術」と勝手に名付けた方法を使っています。

誰に習ったわけでもないので、他にやっている人がいるのかは存じません。

四天王は仏教の守護神、持国天《じこくてん》、増長天《ぞうじょうてん》、広目天《こうもくてん》、多聞天《たもんてん》です。多聞天は、またの名を毘沙門天《びしゃもんてん》。七福神の一柱であり、戦国武将・上杉謙信が信仰していたことで有名ですね。


四天王に守護してもらう方法はかんたんです。

お名前を呼んで、どうぞお守りくださいとお願いするだけ。

「持国天、増長天、広目天、多聞天、どうぞおいでください。そして私をお守りください」と合掌して唱えます。

そして「和」という漢字一文字を、自分の胸の中心（ハート）にイメージします。

「和」といえば聖徳《しょうとく》太子のシンボル。聖徳太子は四天王を信仰していました。

自分のハートが「和」という言霊《ことだま》に同調することで、まるで自分が聖徳太子になったかのように、四天王との相性がよくなります。

たったそれだけ、といえばそれだけです。

きちんとお名前をお呼びし、そして「和」をハートにイメージします。

四天王の安心できるところは、東西南北の四方をお守りしてくれるところ。

東は持国天、南は増長天、西は広目天、北は多聞天です。この囲まれている安心感がよいです。

そうそう、この「四天王結界術」、会議のときや、セミナーを主催するときにもおすすめですよ。四天王に四方を守ってもらってくださいね。

遠くの神社もいつでも行ける！　ヴァーチャル参拝法

以前、神社のガイドブックに関するこんな不満を聞いたことがあります。

「ほとんど行けるところがないのだけど」と。

遠くてそうかんたんに行けないよということです。

そういうときにおすすめなのがヴァーチャルな「遠隔参拝」です。

じつは、**遠隔でも神社参拝の効果はそれなりにあります。**

たとえば東京港区の愛宕《あたご》神社のホームページではヴァーチャル参拝ができます。

「遠方でお越しになれない方も、愛宕神社のお参り気分を」という意図のようですが、**パソコンの画面越しに本当に神社の「気」がただよってきます。**

以前、僕個人が主催した神社のお話会でも遠隔参拝をしたことがあります。

昼間なら実際に足を運ぶのですが、夜間だったので某神社の写真を参加者にお見せし、その写真を本物に見立てて参拝しました。

面白いもので、遠隔参拝を経験した人たちから、**「身体《からだ》はセミナールームにあるけど、参拝してきた気持ちがした」**という感想をいただきます。

では、遠隔参拝の手順、あますところなくお伝えしましょう。

▼行きたくても、行けない神社にヴァーチャル参拝する方法

【事前準備：みそぎ】

遠隔参拝ではありますが、ちゃんと「みそぎ」をしましょう。実際の神社では、手と口をゆすぎますが、遠隔のときはイメージで身体、手、口のみそぎをします。

①両手を高々とバンザイする
②光のシャワーが、頭から降り注がれているとイメージする（約15秒）
③左手のひら付け根を右手ではさみ、右手で左手の汚れを落とすイメージで、左手指先の方へ右手を勢いよくすべらせる
④右手のひら付け根を左手ではさみ、左手で右手の汚れを落とすイメージで、右手指先の方へ左手を勢いよくすべらせる
⑤③をもう一度行なう
⑥腹式で、勢いよく息をフッフッフー、フッフッフー、フッフッフーと吐く

【参拝：伊勢《いせ》神宮の内宮《ないくう》に遠隔参拝したと仮定】

①内宮の写真を見るなどして、頭の中に内宮の姿をイメージする
②目をつむり、深くおじぎを2回して、合掌する
③内宮の姿をイメージしたまま「いせじんぐうのないくう」と3回唱える
④柏手を2回うち、心の中で住所と氏名、感謝、願いごとを伝え、祝詞《のりと》を唱える
例：「埼玉県川越市元町1丁目○番地の明治太郎です。参拝させていただき、感謝申し上げます。家族が無事1年をすごせますように。はらいたまえ　きよめたまえ　かむながら　まもりたまえ　さきわえたまえ」
⑤合掌をやめ、深くおじぎをする

伊勢神宮の内宮を例にしましたが、もちろんあなたの好きな神社やパワースポット

を思い浮かべてもらって大丈夫です。僕は**神社以外にも、那智《なち》の大滝や鳴門《なると》の渦潮のような絶景スポット**を思い浮かべることもありますね。

実際に足を運ぶのがいちばんですが、なかなか行けない場所が多いのも現実。そんなときは遠隔参拝・ヴァーチャル参拝、ご活用ください。

統計データでも証明される「大切な人を守る」ご祈願のやり方

神社でご祈願またはご祈禱《きとう》とよばれるものを受けられたことはありますか。

社殿にあがって、神職の方の仲介で、お願いごとを神さまに伝えてもらう儀式です。

ご祈願とはようするに、神職による祈りなのですが、この神職の祈り、僕たちでもできます。なんていったら、神社本庁から怒られそうですね。

なので、本書の手順は神社を参考にした「素人の祈り」と思ってください。

ただ、医学博士ラリー・ドッシーの研究でも知られるように、**素人の祈りに、治療的な効果などがあることは、統計データで証明されている事実**です。

「あー、プラシーボ効果でしょ。薬だと信じて飲めば、暗示とか期待とかで、それが薬じゃなくとも薬と同じような効果が出るというやつだよね」と思われそうですが、祈りの効果はプラシーボ効果でもありません。

病院やクリニックにおいて実験をしてみると、離れた場所からの祈りは、**たとえ祈りを受ける人が、誰かに祈られていることを知らなくても効果が出ます。**

この手のことは、よく信じる者は救われる世界だとされますが、信じていなくとも救われるわけですね（笑）。

また、**祈りの効果は距離にも関係ありません。**

たとえばサンフランシスコ総合病院での実験で、東海岸側からの祈りと、西海岸にあるこの病院の近くからの祈りも効果は同じでした。

ご近所にも、地球の反対側にも、宇宙のはるかはるか遠くの星にも、祈りは同じように届きます。

能書きはこれくらいにして、「大切な人を守る」ご祈願の手順をお伝えします。遠隔参拝と、基本は同じです。

▼大切な人を守るご祈願の方法

①頭の中に大切な人の姿をイメージする
②目をつむり、合掌する
③大切な人の姿をイメージしたまま、その人の名前を3回唱える
④「天の神さま、どうぞ（その人の名前）をお守りお導きください」と唱える
⑤合掌をやめ、「どうぞよろしくお願いいたします」の気持ちで、深くおじぎをする

他人に成長を祈られる人は、幸福と成功の道を歩みます。

他人の成長を祈れる人は、幸運の女神・男神《おがみ》です。

ちなみに、「ご祈願」は、**死者・ご先祖様の霊にも届きます。**

生きている人よりも、直接的に祈りを受けとってくれます。

昭和の初期に22歳でお亡くなりになられたある娘さんがいらっしゃるのですが、その方をしのぶという会に参加したことがありました。

僕は心を込めて、この方の魂が安らかならんことをお祈りしていたのですが、ふっとなにかが降りてきました。

透明な風船が目の前に降りてきたような、目には見えないけれど自分とは別の存在が目の前にあらわれました。スピリット（霊）です。

そしてこんな女性の声が聞こえてきたのです。

「どこのどなたか存じませんが、ありがとうございます」

若くして亡くなった娘さんの声でしょう。ええ、あわてました（汗）。

「いやいや、僕はただA先生に言われて参加しているだけでして！」

あわてると、人は余計なことしか言いませんね。


でも、こうして反応があったことはうれしかったです。

ちなみに娘さんとは、大正時代にレイキヒーリングという癒やしのテクニックを提唱した臼《うす》井《い》甕《みか》男《お》さんという方の娘さんです。

臼井甕男さんとコンタクトをこころみたレイキヒーラーはおそらく数多くいますが、娘さんとのエピソードがあるのは、僕くらいかもしれませんね。

このエピソードでわかることは、**ご供養というのはけっして形だけのものではない**という こと。

死者にも気持ちは伝わります。むしろ、この世にいない存在だからこそ、あなたの気持ち・心根がダイレクトに伝わります。

生きている者同士の方が、かえってわかり合えないのですよ。お互いの本当の気持ちはわからないから。

でも、わからないからこそ、一緒にいることもできるのです。

5章

人生を加速させる次元上昇を起こそう

J I N J A

身体にある7つの神社とは？

僕たちの身体《からだ》にもミクロな神社があります。

身体の神社に気づくと、世界は、人は、こんなに繊細に精妙にできていたのかと驚かされます。

その**身体の神社をチャクラといいます。**もちろん目には見えないし、物理的な形もありません。

ヨガをやっている方にはおなじみの言葉。ヨガの目的は、このチャクラの調子をよくすることだからです。

聖書のつぎに世界で読まれているインドの聖典『バガヴァッド・ギーター』でも、神様クリシュナが「ヨガやったらよろしいやん」（もしもクリシュナが関西人だったらのいい方）と強くおすすめしています。チャクラの活性化にかけては、インドの聖なる叡智《えいち》に勝るものはありません。

第1チャクラから第7チャクラまで、基本は7つです。

この**7つのチャクラが、人と見えない世界を結ぶ通路**です。

つまり、僕たちの身体には7つの神社があるわけですね。

神社によってご利益が違うように、7つのチャクラにも違いがあります。

ざっくり言うと、胴体の下部にある**第1・2チャクラは大地からエネルギーが入ってくる通路**です。物質主義な現実世界で生きるチャクラといってよいでしょう。

胴体の中心にある**第3・4チャクラは、人間からエネルギーが入ってくる通路**です。第3チャクラは自分を愛するチャクラ、第4チャクラは他人から愛を受けとるチャクラ。どちらも愛と理解のチャクラですね。

のどの**第5チャクラはエネルギーをアウトプットするチャクラ。**エネルギーが入ってくるのではなく逆に出します。自分を表現する・他者に与えるチャクラで、コミュニケーションのチャクラともいわれています。

額の第6チャクラ、頭上の第7チャクラは、天からのエネルギーを受けとる通路です。神秘的な能力と関係する、もっともスピリチュアルなチャクラでしょう。

第4チャクラ以上のチャクラが活性化すると、見えない世界でのセンサーが発達します。

感じる能力がレベルアップするわけですね。

以降、チャクラごとにレベルアップの方法をくわしく解説します。

願望実現力をアップするパワー系チャクラ

第1・2チャクラは物質主義な現実世界で生きるチャクラでしたね。

大地のエネルギーを取り入れて、ほしいものを手に入れる願望実現のチャクラです。

あなたの身体にある７つの神社（チャクラ）

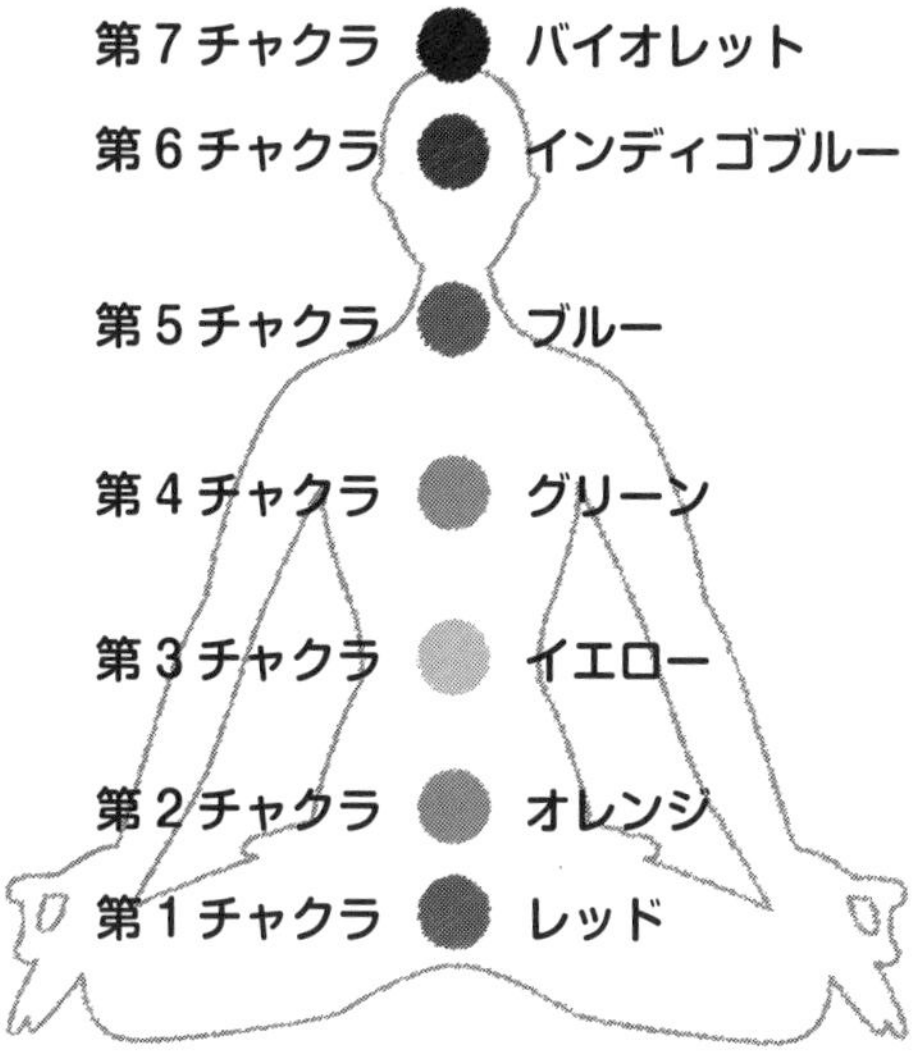

第1チャクラ：元気、タフ、生命力

第1チャクラは、基本的な生命エネルギーです。車にたとえると燃料、ロールプレーイングゲームでいうヒットポイントです。ようするに「行動力」ですね。

第1チャクラはモテる力の基本です。**男女ともにモテる人は第1チャクラがたいへんパワフル**ですよ。

第1チャクラが活性化するには、赤色の活用がわかりやすいです。

赤色は第1チャクラをあらわす色です。美輪明宏《みわあきひろ》さんや奥田民生さんが「赤いパンツをはけ」とおすすめしていますが、第1チャクラのパワーアップにつながります。奥田さんがチャクラという言葉をご存じかわかりませんが、元気になるからと習慣になったとか。

僕の知人Aさんは、ほっそりとした体型のタフさとは無縁な感じの男性ですが、第1チャクラがすこぶるパワフルです。不思議に思っていたら、なんと奥田民生さんの影響で、20年以上ほぼ毎日赤いパンツをはいているとのこと。

冗談抜きで、**モテたい人は赤いパンツをはいてください。**

逆にモテる必要のない人は、赤いパンツはさけるとよいでしょう。

下半身の強化も第1チャクラを活性化します。大地のエネルギーを取り入れる通路は、足裏から足の付け根にかけてなので、そこをほぐすとよいですね。

たとえばマラソンやウォーキングなど走る・歩くこと、ダンス、足もみ、足裏マッサージ、土の上を裸足《はだし》で歩く、お相撲さんのように四股《しこ》をふむなどです。

いろいろ方法があるので、試してみて、元気になることをやっていきま

しょう！

第2チャクラ：本気、決断、勇気

第2チャクラは、求めるエネルギーです。中国や日本でも丹田という名で昔から注目されてきた場所です。へその指2本分下にあるといわれます。

第1チャクラが車の燃料なら、第2チャクラは車のエンジンです。

強力なエンジンを積んだ車は、すこぶる速いですよね。

同様に、**第2チャクラが強力な人は、願望を実現するスピードが非常に速い**です。

以前、あるトークイベントで講演者が「強く思うと、願いがかなうことありますよね」と投げかけると、聴衆の多くは「そうかな～？」と首をひねっていました。

この講演者と聴衆の差は、第2チャクラのパワーの差です。

講演者は第2チャクラのパワーが非常に強い情熱的な方でした。

とにかく「やる！」と決めたら、「やる！」。その決断力の強さが、第2チャクラのパワーです。

「強く思うと、それは執着では？」と思う人もいるでしょう。

執着になるのは、単に決断ができていないから。

もし第2チャクラのパワーで思い切りよく決断できれば、第1チャクラから取り入れた大地のエネルギーが、目標に向かって勢いよく流れていきます。

しかし思い切りが悪いと、エネルギーが流れていかず停滞します。これが執着です。

第2チャクラは、邪気ともよばれるネガティブなエネルギーをはねかえすパワーがあります。なので、ぐじぐじと迷いません。やるか・やらないか、ただそれだけ。やると決めたら、驚くほどの熱意で目標に向かって突進します。

誰もが知っているレベルで大きく成功した人は、例外なく、強く・強く・強く思っています。

それだけ本気だということ。けた違いに真剣だということ。

第2チャクラは、なにかに本気になればなるほどレベルアップします。

夢や希望、あこがれを感じる場所に行くのもよいでしょう。

ニューヨークや東京のオシャレな街、商業都市・大阪など、**地盤がゆるい都会のエネルギーは、第2チャクラを活性化します。**

夢やあこがれを刺激されて、「やるぞ！」という気になるからです。

確実に第2チャクラをパワーアップするなら、腹式呼吸です。

腹式呼吸を身につけるのによいのがボイストレーニング。

腹から声を出すことを徹底指導されます。腹式呼吸を覚えたら、あとはカラオケなどで歌いましょう！

変わったところでは、写真家「アラーキー」こと荒木《あらき》経惟《のぶよし》さんの写真は、第2チャクラに熱い炎をぶちこんでくれます。

愛と自信とに満ちた自分になるハート系チャクラ

胴体の中心にある第3・4チャクラは、人間からエネルギーが入ってくる通路です。ここから「心の世界」に入ります。

第3チャクラは自分を愛し信じるチャクラ、第4チャクラは他者を愛し受け入れるチャクラ。

どちらも愛と理解のチャクラですね。

「人に助けを求められない」「人から受けとるのが下手」という方は、基本ここのチャクラがあまり活性化していません。

第3チャクラの自信に課題があるか、第4チャクラの他者への信頼・理解に課題があるかです。

第3チャクラ：自信、情緒の安定、分析的思考

第3チャクラは自信と自愛のチャクラです。

自分を肯定する「アイムオーケー（I'm OK.）」の自分になると、情緒が安定し、分析的に考えることにも抵抗がなくなります。

自信がつき、メンタルが安定するための基本は「自分を知る」こと。

「知る」→「愛する」→「貢献する」→「パフォーマンスが向上する」を思い出してください。

心の世界は、すべては「自分を知ること」から出発します。

とくに自分のよい部分、好きなことを知ること。たとえば好きな本を読み、音楽を楽しみましょう。

気持ちよく汗を流すレベルの運動もいいですね。好きなことをし、快適な気分になるのです。

本や音楽、運動はストレスを軽くする効果があります。

引き寄せの法則で、「よい気分になることがもっとも大切」だといわれますが、それは第3チャクラの回転がよくなることです。ポジティブ思考も同じです。

自分がポジティブな気分になれる「知る」を実行しましょう。そうすれば、ストレスも軽くなり、メンタルも安定します。

世の中には知るといやな気分になる情報もありますが、そういうのに自分からふれないこと。いやな気分になったら、前向きな気分に転換できるよう、すぐに他の情報で上書きしてしまいましょう。

「自分をポジティブに知る」には、神社参拝もいいですね。

産土《うぶすな》神社や鎮守《ちんじゅ》様など、**身近な神社に行くと、自分をポジティブに知ることにつながりますよ。**

第4チャクラ：心を開く、他者を理解する、受けとる

ここは胸の中心「ハートチャクラ」とよばれる愛のチャクラです。

愛とは自己開示と他者理解です。心をオープンにし、他者を受け入れる態度ですね。

神社仏閣で行なう「合掌」は、ハートチャクラの活性化につながります。

どこの神社・お寺でもいいので、手を合わせてお参りするといいでしょう。

仏教は第4チャクラを活性化します。**仏教でいう悟りとは、第4チャクラが開くことです。**

「アイムオーケー、ユーアーオーケー（I'm OK, you're OK.）」の心境です。僧侶はことあるごとに合掌しますね。愛は仏教に学ぶべしです。

合掌といえば食事です。**「いただきます」「ごちそうさま」のときにきちんと合掌すると、第4チャクラが開いてきます。**

食事といえば、2011年12月に福島県いわき市で料理勉強家・佐藤研一さん（通称・サトケンさん）のつくった、「重ね煮」のみそ汁をいただいたときのこと。みそ汁が食道を通って胃に流れおちていくたびに、胸があったかくなったのです。第4チャクラが開いてしまったのですね。身体の内側から、あたたかいエネルギーが広がっていきました。

第4チャクラは受けとるチャクラです。**愛という漢字を見ればわかるように、愛は受けとるもの。**受けとれば受けとるほど愛情豊かな自分になります。

感謝をもって受けとったとき、第4チャクラは活性化します。

僕は大学院を卒業したとき、バスにひとり乗って、自分をひろってくれた母校に感謝をしました。

本気の感謝です。すると、胸の真ん中に熱いエネルギーが飛び込んできました！

感謝はハートチャクラを開くのです。

ハートチャクラを開くおすすめの場所は、浅草寺など観音さまのお寺。薬師如来もいいですね。神社じゃないぞ！　というツッコミは甘んじて受けましょう（苦笑）。

仏教でいう悟りとは、自分の心を開き、他者を許し、理解し、受け入れるゆとりが生まれること。悟りの土台になるのが自分を信じる第3チャクラです。

自信なくして、他者への愛は生まれません。

自己を表現するクリエイター系チャクラ

新しい現実を創造する**アウトプット特化型のチャクラが第5チャクラ**です。

ちょうど「のど」の周辺にあります。だからって、声のでかさとは関係ないですよ。

第5チャクラ：自己表現、コミュニケーション、創造

仕事のできる有能な人物の多くは、この第5チャクラが発達しています。

自己裁量の大きい職種や、アーティスト・デザイナー・クリエイターなど創造的な職種の人たちは、第5チャクラのパワーを大いに発揮しています。

「コミュニケーションチャクラ」という呼び名もあり、広告のような社会とのコミュニケーションから、チャネリングとよばれる霊的存在とのコミュニケーションまで、幅広いコミュニケーション能力と関係します。

第5チャクラが発達している人は、「自力」で多くのことを成しとげます。人に頼らず、独力で物事を実現してしまうのです。

そんな自力の人だからこそ、自己裁量の大きい職場や、独自性が問われる創作活動に向いているといえるでしょう。

第5チャクラをきたえるには、とにかく表現すること。

書くこと、描くこと、プログラミング、コンピュータグラフィックス、ファッションなど、自己を表現するものならなんでもOKです。

歌を歌うのもいいですね。**腹式呼吸で歌えば、第2チャクラと第5チャクラが同時に発達します。**第2チャクラの情熱を、第5チャクラの声で表現するわけですから、人にうったえかける歌声になります。

神社でおすすめなのは、芸術・芸能の神さまです。

自己表現のエネルギーは、水のエレメンツ（元素）を活用するので、海辺や湖畔の神社、弁天様・龍神《りゅうじん》を祭る神社がいいです。表現・創造のエネルギーは、流れていく水のごとしです。

湘南《しょうなん》の江島神社、広島の厳島《いつくしま》神社、琵琶《びわ》湖の竹生島《ちくぶしま》神社、奈良県吉野郡の天河神社が、弁天様を祭るメジャーな神社です。どこも「水」のエネルギーが気持ちよい神社ですよ。

他に**蒲郡《がまごおり》竹島の八百富神社、伊豆半島の南端・石室《いろう》神社、京都の貴船神社、箱根の九《く》頭《ず》龍《りゅう》神社**なども、「水」のエネルギーでいっぱいの神社です。

神社にちょっとくわしい人ならば、紹介したところは縁結び系の神社が多

いと思うかもしれません。その直感は正しくて、第5チャクラはモテるエネルギーと関係します。モテるとは異性・同性問わずです。

モテる力の公式は、第1チャクラと第5チャクラのかけ算。第1チャクラの生命力を、第5チャクラで表現するという関係です。**第5チャクラは「縁結びチャクラ」**でもあるということですね。


第5チャクラは、これからますます需要の高まる場所です。なにせ唯一のアウトプットするチャクラですからね。

他の6つは天・人・地のエネルギーを取り入れるチャクラですが、**第5チャクラだけはエネルギーを出す・与えるチャクラです。**


先進国のような物質的に豊かな社会では、たくさんのものにあふれて、ほしいものがあまりありません。増やす・勝ち取る必要がなくなってきたのです。その代わりに「与える」ことが人生の幸せにおいて、より重要になってきました。

アメリカの臨床心理学者フレデリック・ハーズバーグは、人間が仕事に満足を感じる要因と不満足を感じる要因はまったく別物であると立証しました。

物理的条件をよくすれば不満は減るのですが、満足は増えません。**満足を増やすには感謝され認められる経験が必要なのです。**

満足感を増すには、「与える」こと。誰かになにかを与えれば、喜ばれ感謝されるでしょう。そうすると、人生への満足感が増します。

先進国はいままさに第5チャクラの時代に突入していますよ。

見えない世界に目覚める本格スピリチュアル系チャクラ

ここからは、見えない世界らしい「天」からのエネルギーを受けとるチャクラです。

本格的なスピリチュアルワールドの始まりで、霊的な目覚めもここから。

第6チャクラ：先見性、インスピレーション、ここぞというときの集中力

第3の目ともよばれる額のチャクラです。

第6チャクラが活性化している人は、さきを見通す力があります。

つぎにこの人はなにを言おうとしているのか、誰がつぎにどう動くのか、「あの人はそろそろ水がほしいだろう」「この人はトラブルを起こすだろう」という予感が働きます。たとえば舞台演出の世界で、「ここはこうして」「あそこはああして」と的確に指示できる人も、第6チャクラが発達しています。

鋭い観察眼のもち主で、人や物事の本質をズバリ見抜いてしまうのも、第6チャクラが開いている人の特徴。もちろん専門性や経験はベースにありますが、それらを広く深く活用できる知恵が働きます。

第6チャクラのパワーとはようするに頭のよさです。

諸葛孔明《しょかつ》や山本勘助、黒田官兵衛《かんべえ》のような優秀な軍師をイメージしてください。実際の場面で使える頭のよさです。

第6チャクラを開くには、山岳修行系の神社がいいですね。はい、修行です（笑）。

いです。

三峯《みつみね》神社、榛名《はるな》神社、戸隠《とがくし》神社など、修験道の人たちが好んで修行した場所がいいです。

京都市の**愛宕山《あたご》にある愛宕神社や、浜松市の秋葉山にある秋葉神社のような、山の頂上にある神社**に行くのもいいでしょう。

山の神社がいいのは、第6・7チャクラのような**上位のチャクラは、地盤の固いところに行くと発達しやすいからです。**

地盤が固いと上位のチャクラは放っておいても安定します。土台がしっかりしていると高く跳び上がれるように、地盤がしっかりした場所では上位チャクラにエネルギーがまわりやすいのです。

下位チャクラが、地盤のゆるい場所で発達しやすいのと逆ですね。

山岳修行系の神社は行くのがたいへんなので、もう少し行きやすいところを紹介すると、**箱根の駒ケ岳《こまがたけ》山頂にある箱根元宮、鹿島神宮・香取神宮の要石《かなめ》**でしょう。

箱根元宮は箱根神社・九頭龍神社の近くにあり、ロープウェイで上がれます。3社をまわれば、第5チャクラ・第6チャクラの両方とも発達するのでおすすめです。

鹿島・香取両神宮は平地にありますが、要石付近は異様に地盤が固いです。なので第6チャクラを開くのに効果的なのです。

「滝行」もいいですね。上からドーンとものすごい勢いの水が落ちてきますが、それをしっかり受けとめると、作用・反作用の法則が働いて、エネルギーが上昇します。第2チャクラのエネルギーが上昇して、第6チャクラを活性化するという仕組みなのです。

一見すると無茶なことですが、見えない世界の視点で見ると、かなりシステマティックな修行法ですよね。僕はやりませんけど。寒いのいやだし(笑)。

第7チャクラ：高次元の理性、霊的覚醒、無分別・無境界

頭頂の少し上にある、人体からちょっと離れた場所にあるのが第7チャクラです。

第7チャクラが活性化すると、常識とは違った価値観・時間の流れで生きるようになります。

これまでとは周波数が変わって、いままで引っかからなかった情報をキャッチできるようになるわけです。見えない世界のことが、リアルなものとして感じられるようになり、神さまのような霊的存在にも敏感になります。

自分自身と他の人やものとの境界線があいまいになり、無分別・無境界とよばれる感覚になります。

あとでくわしくお話ししますが、最近スピリチュアル業界で注目のノン・デュアリティ（非二元性）とよばれる状態も、第7チャクラが発達してくると、理屈ぬきでどういうものかわかるようになってきますよ。

第7チャクラが活性化すると、いわゆる覚醒体験もします。

僕自身の体験でいうと、2007年、臼井レイドウレイキというヒーリングのテクニックを習ったとき、身体の内側から光り輝いている感覚になりました。『ドラゴンボール』（鳥山明著／集英社）の超《スーパー》サイヤ人や、手塚治虫《おさむ》の『火の鳥』のように光り輝いていたのです。

その光り輝く感覚は、研修が終わって帰りの電車に乗ったときも続き、周りの人に

「あの人、身体が光っている！」と驚かれるのではないかと、思ったほどです。でも誰も気づいていなかったようですから、普通は見えないのでしょう。

「悟りを開いた！」と思う人もいるかもしれませんね。それくらい強烈な体験です。

第7チャクラの活性化は、神社が得意とするところ。

たとえば石川県白山市の白山《しらやま》比咩《ひめ》神社。白山の女神菊理《ククリ》姫《ヒメ》をお祭りしていますが、次元の違いを感じる、あまりに静かで清浄な息をひそめる神社です。

音のない世界とは、こんな感じなのかというくらいの場所。もちろん人がいれば、なにかしら物音は立つのですが、音の聞こえる感覚が普段と違うのです。

福岡県宗像《むなかた》市の**宗像大社にある高宮祭場**も霊的な目覚めを本格化させる聖域です。

こちらは国内で普通に参拝できる場所では、一、二を争うのではと思うような次元の違いを感じます。

出雲《いずも》大社や松江市の熊野大社など出雲の多くの神社にも独特の静かさと清浄さがありますね。

出雲のエネルギーは「高次元の理性」という名にふさわしい完璧に整ったエネルギーです。「国ゆずり神話」で、出雲大社のご祭神オオクニヌシは、自分が苦労して築き上げた国を、「ゆずれ」と言われてゆずりました。

理不尽をのみこんで、高い視点から全体を調和に導いたエネルギーです。

高い山の頂上にのぼると、人は感動します。

見渡す限り、ただのひとつも人工的なものがない世界にいると、人は自然と一体化する感覚を味わうからです。この一体化する感覚を、無分別とか無境界といいます。

山の頂上は、そんな霊的に覚醒した境地を、誰もが理屈ぬきで体感できる場所といえるでしょう。

ただ霊的な覚醒は、あくまで山の頂上のようなもの。山は頂上だけでできているわけではありません。悟りの境地とは、山の全体像を把握すること。頂上から下山して、他者を理解し受け入れていく中で到達するものです。

第6・7チャクラの活性化はあくまでひとつの通過点にすぎません。

ですが**霊的に覚醒したがゆえに、自信をつけすぎて、頂上から下りられなくなる人もいます。**それなら、都会や山のふもとにいたままの方がずっと楽しく幸せな人生を送れるでしょう。

個人を超えた意識になる宇宙系チャクラ

さて、これで7つのチャクラの解説はすべて完了したわけですが、もうひとつ、いや2つ、なじみの薄いチャクラも付け加えます。

ソウル・スターチャクラとアース・スターチャクラです。

ソウル&アース・スターチャクラ：宇宙との一体化、意識の拡大、無限大

アース・スターチャクラは、足の下12センチくらいのところにあります。

逆にソウル・スターチャクラは、頭の上12センチくらいのところにあります。

どちらも僕たちの見えない霊的な身体の一部ですが、**ここが活性化すると、まるで地球や人類全体と自分がひとつにつながったような、意識の拡大を感じます。**

自分と他との境界線がなくなるのではなくて、自分という意識が広がるのです。

これも僕の体験談を紹介しましょう。

椅子に座っていると、当たり前ですが、床に足をつけている感覚がありますよね。

アース・スターチャクラが活性化すると、この床が消えます。

アース・スターチャクラが活性化することで地面感覚がなくなると、それと同時に**足元から地面が消えて、宇宙空間のような場所に瞬時にワープしてしまうのです。**

ソウル・スターチャクラも活性化して、宇宙のような場所に移動するわけですね。

つぎのような感覚でした。

「えーと、椅子に座っているよな。うん、お尻に椅子の感覚はある。でも靴から床の感覚が伝わってこないな。なんかワープしたような感覚があったけど、部屋にはいるよね。うん、なんとなく部屋にいるのはわかる。でも、なんかプラネタリウムにいるような、暗くてところどころ星が光っているようなところにもいるよね。まるで宇宙空間みたい。あれ、これって宙に浮いているということ？　足裏の感覚は確かにそうなのだけど、でも本当に宙に浮いたら、重力を感じるよね。宙づりになっていたら、あの頼りない浮き上がるような感覚が下半身からわきあがってくるものだけど、それはない。胴体は平地にいるままの感覚。ただ足元の地面だけが消えて、周りが宇宙なだけだな。同時に部屋の形や色もぼんやりとわかる。不思議な感覚だ……」

ま、生きているとこういうこともあります（苦笑）。

なんでこんな羽目になったかというと、八芒星《はちぼうせい》のエネルギーをあつかったからです。数字で8は無限大のエネルギー。**八芒星のエネルギーを両の手のひらから放射すると、個の意識を超越した宇宙意識のような感覚を味わう**のです。

キリスト教の宗教的伝統がある国の人たちの方が、この宇宙意識のような拡大感覚を知っているでしょう。理由はよくわかりませんが、イエス・キリストの御名を思うと、この宇宙意識感覚を味わいやすいのです。

キリスト教には、ソウル&アース・スターチャクラを活性化するエネルギーシステムがあるのでしょう。**キリスト教国家が世界最強の勢力になったのは、これが原因だと推測しております。**

日本人だと弘法大師・空海の存在が、宇宙意識になるゲートです。**「南無大師遍照金剛《なむだいしへんじょうこんごう》」という真言宗でもっとも短いお経は、アース・スターチャクラを活性化する魔法の言葉**です。

神社にも宇宙意識につながる場所があります。それは**伊勢神宮《いせ》**です。

ソウル&アース・スターチャクラのエネルギーは、色にすると紅白のエネルギー。紅白と日本は縁が深いですね。日本の祝いごとで伝統的に使われるのは紅白2色の組み合わせ。

紅白歌合戦、紅白まんじゅう、紅白のリボン、もちろん日本の国旗も紅白です。

伊勢神宮は、紅白の国・日本を代表する神社です。

伊勢神宮はとくに参道の玉砂利《たまじゃり》がいいです。ここを歩くと、足の下が浄化され、アース・スターチャクラが活性化します。

伊勢神宮の他に、宇宙意識につながる場所といえば、大分の宇佐神宮そして奈良の大神神社《おおみわ》でしょう。どちらも日本を代表する神社です。

八幡《はちまん》総本宮の宇佐神宮は武士の神さまで、鎌倉時代から昭和初期まで日本を代表する神さまでした。

八幡神の一柱である神功《じんぐう》皇后は、1円札の顔。日本の紙幣の顔になった最初の存在が神功皇后すなわち八幡神です。

大神神社は日本最古の神社のひとつといわれます。

僕たちが知る限り、日本を代表する神さまといえば、皇室の祖をお祭りする伊勢神宮であり、伊勢神宮の神さま・アマテラスオオミカミでしょう。

しかし6世紀はじめまでは、大神神社と、大神神社でお祭りしているオオモノヌシノカミが日本を代表する神社・神さまでした。

日本の神さまの世界で、6世紀はじめに政権交代があったということですね。

しかし大神神社は、いまでも日本を代表する神社であることに変わりはありません。

時代は変わっても、神社には過去の意識・エネルギーが消えずに残っているからです。

著者の魂にふれる神社スタイル読書術

僕たちの身体にも神社があるという話をしましたが、じつはあなたがいま手にしているこの……**「本も神社です」**。

紙の本は神社と同じなのです。ご祭神は著者ですね。

本を両手に持つと、手から本のエネルギーが伝わってきます。

著者がこの本に込めた霊的なエネルギーが伝わってくるのです。

その本がどういうエネルギーかは、僕は自分のチャクラのどこがどの順番で反応するかで読み取っています。

精神世界の本で多いのは、第3チャクラの力で第4チャクラを活性化させる本です。

読みはじめると最初はみぞおちのあたりが反応します。

第3チャクラですね。第3チャクラが活性化していると、そのうちエネルギーが上昇してきて第4チャクラが反応するのです。第3→第4の順番で活性化していくわけですね。

ハートチャクラは愛のチャクラですから、**愛をお伝えしたい著者の方が多いのでしょう。**

僕は幼稚園に行く前から読書好きで

したが、精神世界の本は、ちょっと他の本と読み方が違います。**中身よりも、本が発するエネルギーに注目**なのです。

そのことにはっきり気づいたのは、ゲリー・ボーネルさんが書いた『アトランティスの叡智』（徳間書店）を読んだときのことです。

僕はこの本を神戸《こうべ》空港で読んでいました。読んでいると、なんだか地響きのような振動を感じるのです。ゴゴゴゴゴ……と、周りが振動するわけですね。

「あー、飛行機が空港に到着した音だなー」とばくぜんと思っていたのですが、ふと気づいたのです。「飛行機なんて来とらんやんけ～！」と。

「じゃいったいこの振動はなに？」。そう本のエネルギーだったのです。

この本以外にも、レイキヒーリングの本を読むと、その著者のヒーリングエネルギーが伝わってきて、「は～、こんなヒーリングしはるんや～」というのは読み取れていました。なので、この振動もゲリー・ボーネルさんの本のパワーだと気づいたのです。

ただ書店の精神世界コーナーに行かれた方ならおわかりのように、けっして**すべての精神世界の本が素敵なエネルギーを放っているとは限りません。**

むしろ、限りなく怪しい・お近づきになりたくない雰囲気を放っている本が多いです。僕だって子どものころは近づきませんでした。

ただ、神秘体験を重ねているうちに、「けっこういい本もあるな」「素敵なエネルギーをお伝えしてくれる本があるのだな」ということがわかってきました。

できれば、**本書も感じのいいエネルギーをあなたにお伝えしたい。**

神社のような気持ちのいいエネルギーを感じてもらえたらと思っています。

リュウ博士の精神世界名著リーディング

精神世界の名著をいくつかご紹介しましょう。あ、普通の本紹介ではないですよ。

僕流に本の霊的エネルギーを読み取った紹介です。

まず弱っているとき、ちょっと元気がないときにおすすめしたい本。


『アミ　小さな宇宙人』（エンリケ・バリオス著／徳間文庫）

チリの作家さんが書いた世界11か国語に訳されたベストセラー。

さくらももこさんのカバーイラストで日本でもおなじみの本です。

この本を読んでいると、チャクラが6→2・1の順に反応していきました。

「チャクラ6→2・1」というのは、「奉仕」のエネルギーです。上から下に降りてくるエネルギーなので、王が民に慈愛をもってほどこすような、**マザー・テレサが貧しい人々のために生きたような、そんなエネルギー**だと思ってください。

「人生とは幸福になることだし、それをじゅうぶんに楽しむことだ。でも、最大の幸福は、ひとに奉仕することによって得られるんだよ」

アミの教えでもっとも印象に残っている一節です。

マイナスの状態から、一歩踏み出す「生きる力」をえられる本でした。

アミで第1・2チャクラが元気になったら、おつぎは自信をつける第3チャクラが活性化する本を1冊紹介しましょう。

『ありがとうの神様』（小林正観著／ダイヤモンド社）

小林正観さんは、自己啓発の世界では著名な方で、2011年にお亡くなりになるまでに、著書・講演を通して膨大なメッセージを残されました。『ありがとうの神様』は、そこからよりすぐりのメッセージを選び出したベストアルバムのような1冊です。

エネルギーの反応は、まず第4チャクラが強く活性化し、そして第3チャクラ、第1チャクラが活性化してきました。**チャクラ4→3→1の順番**です。

正観さんの強いハート（第4チャクラ）が、僕たち読者に現実世界での考え方・

ルール（第3チャクラ）を指し示してくれます。
そして生きる意欲（第1チャクラ）がわいて元気になるという本ですね。

最近のスピリチュアル本は、「やりたいことはなんでもやれ」と、行動の選択肢を広げる方向性のものが多いです。ルールをどんどん取っ払うわけですね。

一方、正観さんの本は、「トイレのふたをしめなさい」「ありがとうをたくさん言いなさい」「不平不満・グチ・泣き言・悪口・文句、この5つは言わないこと」など、**あれをするな、これをしろと行動のルールを定めてしまいます。**

ルールを定めるのが「チャクラ4↓3」のエネルギーです。理屈ぬきに、もう従うしかないんです（苦笑）。**愚直に従って行動すると、面白いもので、自信がついてきます。**

ルールを実行しつづけられること自体が、自信につながるからです。

第3チャクラが活性化して自信がついたら、つぎに第4チャクラが活性化するスピリチュアル入門本を読んでみましょう。

僕のブログでも好評の、本の霊的エネルギーリーディング！精神世界に止まらずビジネス書なんかも取り上げています！
ブログのアドレスは……
わっ
ダダッ
宣伝しようと思わずに、愚直に日々更新しなさい！
ごもっとも……
しゅん
"リュウ博士"で検索してね
ボソッ

『人生は思い通り！　マンガでわかる「引き寄せ」の法則』（奥平亜美衣著、祐木純作画／永岡書店）

奥平さんの引き寄せの法則とは、とにかくいい気分でいること。それにつきます。そのための方法として、本書では、その日のいいことだけ書き記す「いいことノート」や、ちょっと変わったところではチベット体操が紹介されています。

引き寄せの法則の本はたくさんありますが、本書はもっともわかりやすく親しみやすいです。

引き寄せの法則はけっしてややこしいものではないので、かんたんなものをさらっと読めば、それで十分でしょう。本書を読めば、自分をオープンにし、他者を理解するゆとりが生まれてきますよ。

さあ、第4チャクラが活性化してゆとりが出てきたら、今度は第5チャクラの自己表現です。

世の中とコミュニケーションして、どんどん他人に与えられる自分になりましょう。
そのために最適なスピリチュアル本がこの1冊。

『アルケミスト』(パウロ・コエーリョ著/角川文庫)

世界中でベストセラーになった羊飼いの少年サンチャゴの旅の物語です。

チャクラ4→5→6の順にエネルギーが活性化していきました。

いいかえると、自己受容→自己表現→自己実現のエネルギーです。

この本を読んだら、もうスピリチュアルな学びは終わりにしてもいいくらい。

それくらい素晴らしいです。人生とはなにか理解し、勇気をもって生きるとはということが描かれています。もし無人島で一生暮らすことになって、本を1冊だけ持っていけるとしたら、本書を持っていく人がきっとたくさんいるだろうな、と思える1冊です。

神社に行くと運がよくなるのは、なぜ？

これまで、神社の仕組み、神社の神さまの話、そしてその神社の仕組みをビジネスや僕たちの身体に応用した話をしてきました。

なぜ、神社に行く人は成功するのかも、なんとなくわかっていただけたでしょうか？

成功するための神社一覧も冒頭でお伝えしていますね。

それぞれの神社ごとに、効果も違いますが、**すべての神社は行くと「運がよくなる」といえます。**

なぜなら、**神社に行くと、〝筋トレ〟になるからです。**

合掌するときに、両手を思いっ切り押し合うことで腕力がついてきます……というのはもちろん冗談で、肉体ではなく、霊体の話です。

人間は物理的な肉体だけの存在ではありません。肉体をとりまく「気」が存在していて、この「気」が、霊的な身体「エネルギー体」です。

エネルギー体とは、肉体以外に、**エーテル体・アストラル体・メンタル体など複数あります。**

そして、それらエネルギー体が、バウムクーヘンのような層状になっているといわれています。

神社に行くと、このエネルギー体が自然と拡大します。 いわばエネルギー体の筋トレ。

神社に参拝すると、これまで参拝してきた人々の祈りの集合体とシンクロします。

神社の集合意識と、自分の意識が重なって、意識の拡大が起きるわけですね。

意識の拡大とは、「私」の範囲が、組織や社会、国、さらには地球や宇宙へと、広がっていくこと。 意識の拡大は、エネルギー体の拡大も意味します。

どこまで拡大するのかは、その神社に参拝した人たちの祈りの内容によって変わります。

肉体をとりまく「エネルギー体」

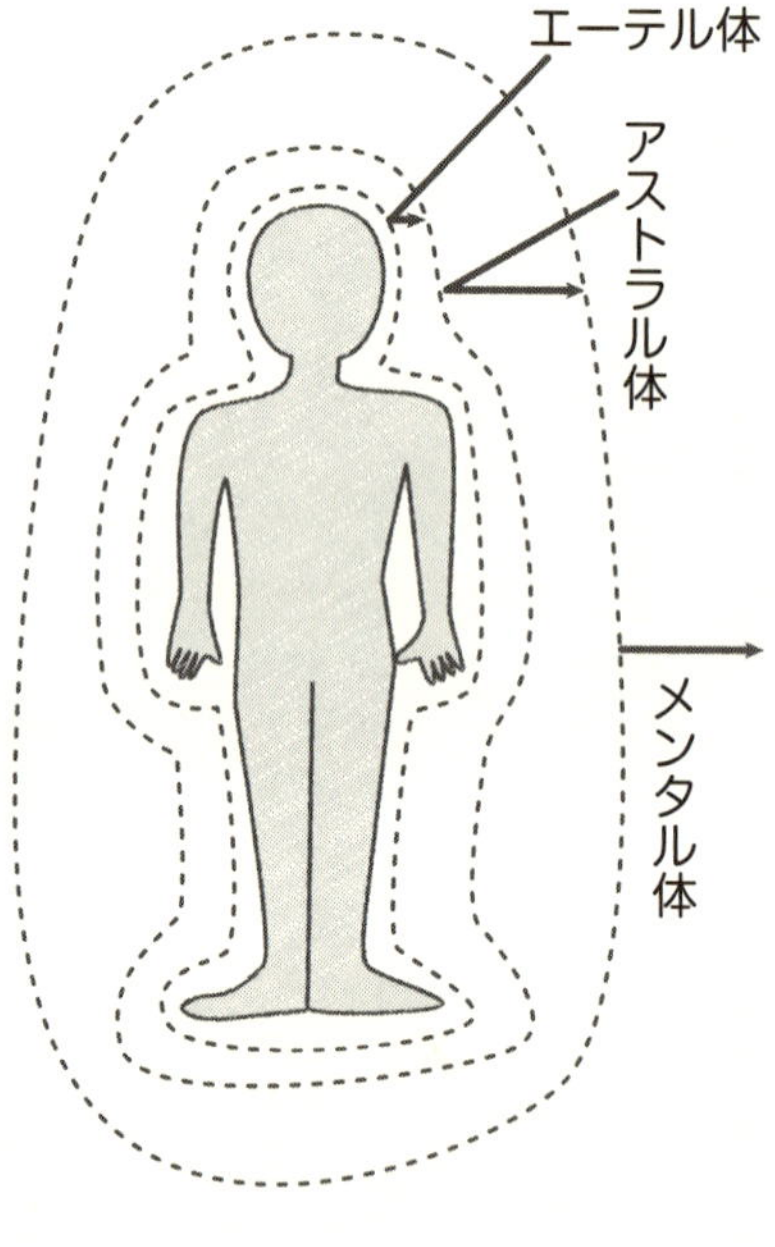

たとえば伊勢神宮のような日本のシンボルともいえる神社に参拝すると、日本という国全体のレベルにまで意識が拡大しますし、海外から多数の観光客が訪れる明治神宮なら、世界の中の日本というグローバルな意識に変化していきます。

意識が大きければよいというものでもないのです。

地球全体の課題というのはあります。

でも、その解決に取り組む人たちは、先進諸国の国際部門や国際機関、国際NGOなどに所属するごく一部の人たちでしょう。ましてや宇宙の課題に取り組むことは、普通ないですよね。

僕たちが取り組むべきことは、もっと身近なことです。

その身近な取り組みが、より大きな流れの一部になると、**力もわいてくるし、シンクロという波に乗って物事がスムーズに流れていきます。** たとえば、自分のやることがたまたま会社の経営方針と一致したり、たまたま国の方針と一致して予算がついたりということです。

そういうラッキーとしかいいようがないシンクロが、神社に参拝して、神社の集合意識の一部に加わることで、つぎつぎと起こるわけです。

神社に行くと運がよくなるのは、意識が拡大することで、大きな流れに乗っていけるからなのです。

意識の次元上昇で人生が加速する！

神社に参拝して、「私」が拡大すると、**より高い次元で物事を見るようになってきます。**

意識の次元上昇です。

次元上昇は、意見の対立をのりこえたり、新しいなにかを創造したり、心安らかに日々をすごしたりすることにつながりますので、みんな一緒に楽しく次元上昇しましょう。

もう少しくわしく説明すると、**次元上昇とは「主観の客観化」です。**

具体例をあげますね。イラストレーターでおしゃれコンサルタントの柴崎マイさんの著書『大人がもっとキレイになれるおしゃれの教科書』（サンマーク文庫）によると、女性のイラストを描くとき、キレイ系キャラは、ファッションもヘアメイクも直線を多くし、カワイイ系キャラは曲線を多くしたそうです。

そこから実際の人間のファッションでも、「直線が多ければキレイ系、曲線が多ければカワイイ系。大人の女性がキレイに見えるシルエットは直線８割、曲線２割」という法則を提示されています。

私はキレイ、あのバッグはカワイイだと主観です。

しかしイラストレーターとして３万点以上の女性を描く中で、柴崎マイさんは客観視できるようになりました。それが「キレイは直線、カワイイは曲線」です。

キレイ系かカワイイ系かだと選択肢は２つだけ。どっちもよい選択肢です（笑）。

しかし「キレイは直線、カワイイは曲線」と客観化すると、選択肢の数は直線と曲線の組み合わせの数だけ生まれます。

たとえば、柴崎マイさんの本では、30代半ば以降の大人の女性がキレイに見えるには、「8割直線、2割曲線」のシルエットだとしています。

この直線の割合を、7割、7割1分、7割1分1厘、7割1分1厘1毛とどんどん細かくすると、組み合わせの数は無限に増えていきます。

次元上昇すると、無限の選択肢が手に入ります。あなたの振る舞いは、どんどん自由自在になり、「加速する人生とは、こういうことか！」と実感するでしょう。

次元上昇した世界では、その無限の選択肢から、TPOや年齢に応じて、もっとも適切な配分を追求します。

いわばアスリートや職人の世界。宮崎駿《はやお》監督作品『風立ちぬ』の主人公のような、ただひたすら美しさを求める「純粋な探求心」の世界です。

客観化が究極にすすむと、主観が消失します。つまり、主観のもち主たる「私」がなくなります。これを精神世界の用語では、**ノン・デュアリティ（非二元性）**と**よび、究極の境地「悟り」**だという人もいます。言葉だけではわかりにくいので、つぎのページの図をご覧ください。

ノン・デュアリティの世界観

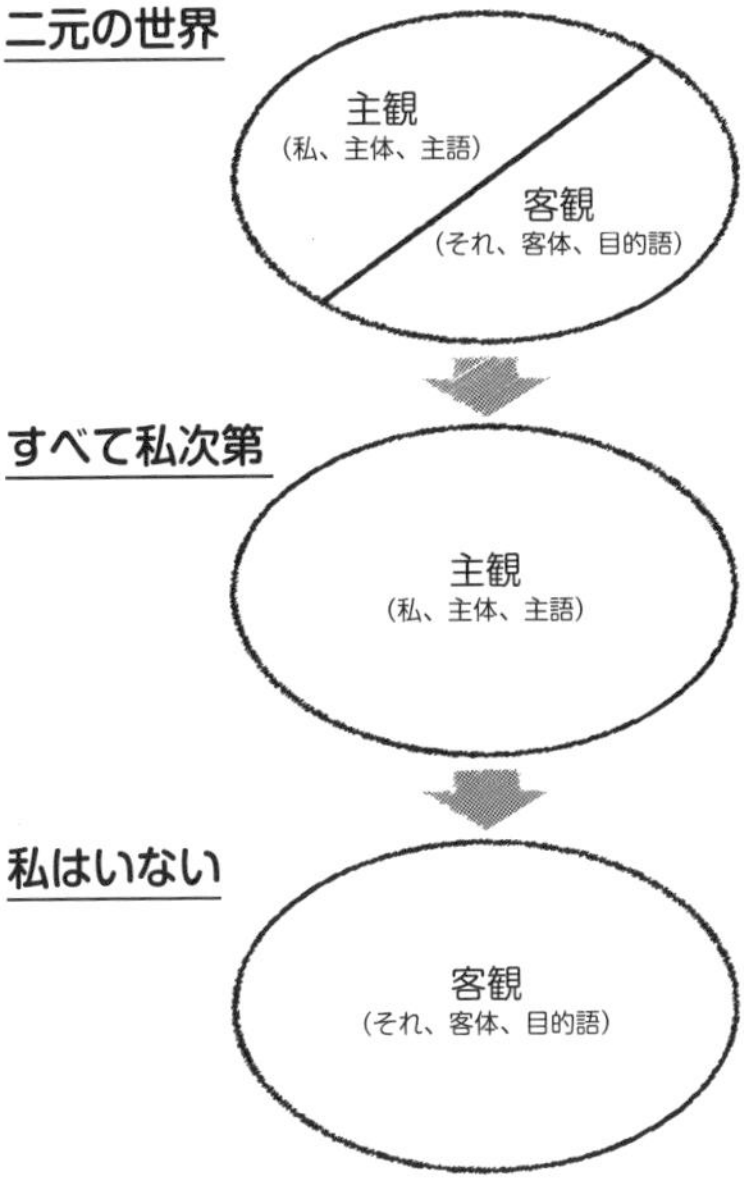

二元の世界とは、近代哲学の祖であるルネ・デカルトが17世紀に説いたことで、観察する「私」と、観察される「それ」に世界を分割しました。そして万人に共通する「それ」を発見するのが、近代科学の役割となったわけです。

20世紀後半になり、万人に共通する「それ」などないというポストモダン思想が広まりました。「それ」は人の数だけ存在しており、「目の前の現実はすべて私が創っている」と世界をとらえます。この**ポストモダン思想が、自己啓発業界では「ポジティブ思考」となり、スピリチュアル業界では「引き寄せの法則」となった**わけです。

二元の世界では、「あの子カワイイ」「彼、ダサい」と、ある評価基準のもと、他人があなたの価値を評価します。その他人の評価によって、「私」はポジティブな気分になったり、ネガティブな気分になったりしますよね。

そんな世界に不満をもった人たちの中から、「誰がなんと言おうと、私がカワイイと言ったらカワイイんです！」と、「私」がすべてを決める世界観が出てきました。

他人の評価に左右されず、自分の主観だけでポジティブな気分を選択しようとする人たちです。

そして、「私」はいないのがノン・デュアリティの世界。

「私」が存在しないということは、「それ」しかない。

そこには「カワイイ」とか「ダサい」といった主観はありません。あるのは、「8割直線、2割曲線」という「それ」だけ（笑）。

「それ」という客観オンリーの世界には、もうポジティブもネガティブもないです。

残るのは、無限の選択肢の中から、目的に応じてベストな直線と曲線の配分を選ぼうとする「純粋な探求心」。ただそれだけが残るのです。

ノン・デュアリティを超える「究極の次元」に達するサムハラ神社

ノン・デュアリティの世界は究極の境地「悟り」のようにも見えますが、僕はそうはとらえていません。ここからさらに次元上昇できるからです。

本書でさらなる次元上昇にトライしてみましょう。

次元上昇とは、主観の客観化でしたね。さきほどの図で、3段階「主観と客観の二元性↓主観のみ↓客観のみ」を紹介しました。

じつは、**この3段階よりさらに高い「究極の次元」は、たった1枚の図で表現することができる**のです。なぜそう断言できるのか？

告白しましょう。そう、みなさんにはこれまで黙っていたことです。

なんと僕は昨年ヒマラヤの奥地にて、お釈迦《しゃか》様もビックリの究極の次元に到達したのです!!

すみません、一度ぼけないと気がすまなくて（汗）。気を取り直しまして。

「究極の次元」をあらわした1枚の図。それは昔からよく知られたものです。

それは、**古代中国の叡智「太極図」。これが「究極の次元」をあらわした1枚です。**

太極とは宇宙の根源で、陰陽の二元が生じるとされます。それをあらわした太極図は、いわば宇宙の生成をあらわしたもので、道教（タオイズム）や易学のシンボルになっています。

この太極図が1枚あれば、先の3段階「主観と客観の二元性↓主観のみ↓客観のみ」から、さらに次元上昇した場所へご案内できます。

太極図の白に主観を、黒に客観を当てはめてください。

そうすると、キレイに2つの世界に分かれます。

・現実世界（物質主義）：黒が基調で白い点がある

これが究極の次元をあらわした1枚だ！
太極図
ああ、中華料理店でたまに見かけるやつね
あと、風水グッズとか

・精神世界（スピリチュアル）：白が基調で黒い点がある

現実世界も精神世界も、主観と客観の二元に分かれる世界です。

ただ、どちらが主流かが異なります。

現実世界は、黒の客観が主流です。科学やお金、不動産、パートナーや子どもの有無といった目に見える物質が中心です。

しかし黒一色でぬりつぶされているわけではありません。主観という白い点もあります。

ポジティブ思考や引き寄せの法則などは、「現実を変える手段としてのスピリチュアル」。お金や健康、恋愛などを求める物質主義スピリチュアルです。


一方、精神世界は、白の主観が主流です。

意識の拡大、悟り、精神的な成長、死後の世界の探究など、目に見えない心や魂の世界を知ることそのものが目的です。

しかしやはり**白1色でぬりつぶされているわけではありません。客観という黒い点もあります。**

究極の次元「太極図」

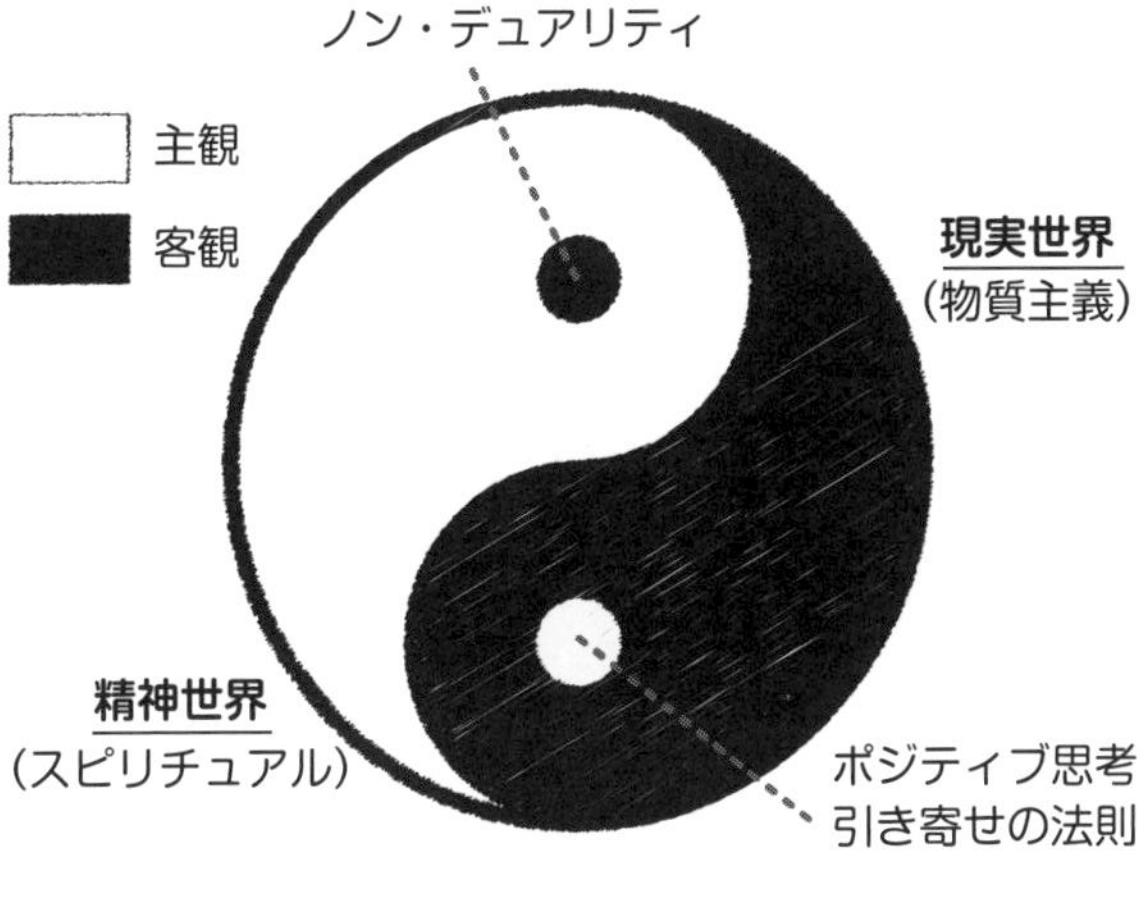

精神世界における客観が、ノン・デュアリティ（非二元性）です。

ノン・デュアリティについて補足すると、完全なる見本は、宮崎駿監督作品『風立ちぬ』の主人公・堀越二郎です。

航空機設計技師として美しい飛行機をひたすら追い求める主人公の世界には、つきつめると飛行機の「数式」しかありません。まさに客観モンスターです（笑）。

しかしノン・デュアリティは究極の境地ではありません。

究極の次元とは、すべての次元を選択する自由を手に入れること。主観のみ、客観のみ、主観中心世界の客観、客観中心世界の主観。そのどれを選んでもいいし、選ばなくてもいい。

太極図という高みに立てば、自由自在です。

既存の世界観は、すべてこの1枚の太極図であらわせます。太極図を描いた古代中国の人物（作者不明）は、はるか高みの次元に上昇して、この1枚を描いたのではないでしょうか。

そんな**究極の次元に達するために、最適の神社があります。**

それは大阪市のサムハラ神社です。

太極図の世界観は、じつは日本神話の冒頭にも記されています。

造化三神とよばれる神々の登場です。

造化三神とは、アメノミナカヌシ、タカミムスヒ、カミムスヒ。

アメノミナカヌシが宇宙の根源、タカミムスヒとカミムスヒが陰陽の二元です。

サムハラ神社のご祭神は、この造化三神アメノミナカヌシ、タカミムスヒ、カミムスヒ。

小さな神社ですが、見た目以上にすごい、宇宙の中心とつながる神社ですよ。

もし気に入られたら、サムハラ神社の元となった場所が岡山県の津山市加茂町にあります。いつかそちらにもおいでくださいね。

そして、悟りを開く神社

悟りを開くというと、大げさな話、自分とは関係ないことと思われるかもしれません。ノン・デュアリティのような抽象的な話もしました。

悟りというのはシンプルなもの。**神社に参拝していれば、自然と悟っていくでしょう。**

なぜそう思うのか。それは、僕がはじめて聞いた悟りの話に関係があります。

それは文化人類学者の故・川喜田二郎先生がヒマラヤでフィールドワークをしていたときのものです。

川喜田二郎先生から直接うかがったわけではありません。川喜田先生の愛弟子《まなでし》であった僕の大学院時代の恩師からうかがいました。

座って瞑想《めいそう》していたヨガ行者が、**あるとき突然「ん、わかった」と言ってスタスタ歩**

き出しました。川喜田先生いわく、これが悟りだと。

さきほどのチャクラの理論でいうと、額の第6チャクラで直観し、そのエネルギーが第2・第1チャクラに瞬時に流れ込んで、即行動に移ったということです。

神社を題材に、本書でお伝えしたかったことも同じ。

「ん、わかった」と現実世界で迷いなく歩き出すこと。

神社を参拝して、鳥居の外に出たら、「さあ、やるぞ」とスッキリした気分で前を向けること。

神社参拝すれば、この現実世界への愛着が生まれます。

そうすれば、社会に貢献しようという意欲がわき、そしてパフォーマンスの向上につながるということが、統計学上の真実です。

神社の神さまに誠実に参拝する人が増えれば、愛をもって社会に貢献する人がたくさん増えるのです。僕は、そんな世界に住みたい。これはエゴかもしれません。

だって、自分の住みたい世界を創るために、この本を書いたのだから。

でも、あなたにとっても悪い話じゃないはずです。

現代社会はそれだけ「混迷の時代」だから。

とくに日本は、物質的には世界でももっとも豊かな社会なのに、多くの人々は将来に不安を感じ、希望を失い、目の前のことにきゅうきゅうと暮らしています。

自由な社会なのに、自ら手足をしばって、あれはできない、これはやっちゃダメと誰かが言うからやらないと、きゅうくつに生きています。

それだけ世の中には「不安をあおる情報」がたくさん流れているから。だから、世の中の偉い人は信じられない、周りも信じられない、自分さえも信じられなくなっていくのでしょう。

「不安をあおる情報」を流している人は、表面上は善意のふりをして、ひとかわむけば悪意のある人たち。

親切な人の意見は、残念ながら、悪意ある人の意見に影響力では勝てません。だから、世の中は不安や怒りのエネルギーに支配されるのです。

このままでは人間社会は、根っこがくさって、倒れていくのかもしれませんね。

ですが、本書でお伝えしたように神さまっています。

それもすごく優しい神さまが日本の神社にはいるのです。


日本の神さまは、「挫折」から生まれました。

挫折してさんざんな目にあい、そしてこう願うのでしたね。

「のちの人たちには自分と同じ目にあってほしくない！」と。

日本の最高神・アマテラスオオミカミだって、元は引きこもり。弟神であるスサノオノミコトに嫌がらせをされて、洞窟の中に引きこもってしまいました。

そんなアマテラスオオミカミだからこそ、太陽の神、すべてを照らす存在になったのです。


そんな親切な存在が、僕たちを陰ながら見守っているのですよ。

これってすごく優しい世界に生きていると思いませんか。

挫折知らずのエリートたちではなく、日本の神さまは「これでもか！」というくらい徹底的に挫折した存在。だから、人の弱さ・痛みをいちばんわかっている存在。あなたのことだってきっと理解してくれる。だから神さまになっているのです。

神社に行くと、そんな優しい存在たちとご縁ができます。

そのことに気づかないまま死んだら、たぶん後悔しますよ。

人間じゃないから言葉でコミュニケーションはできないけど、でも存在だけで、そばにいてくれるだけで、救われることってあります。

だから、そんな優しい存在たちに気

づきましょう。そうしたら、この社会はもっと生きやすくなるから。「ん、わかった」と迷いなく歩き出せるようになりますから。

だから神社に行きましょう。日本の神さまに会いに行きましょう。

有名な神社じゃなくていい。

近くの神社、行きやすいところにまず参拝しましょう。あなたが日本人じゃなくても歓迎です。

つらいときはグチをこぼしに。うれしいときはその報告に。

神社にはあなたの話を聞いてくれる神さまがいます。

悲しいことは10分の1になり、うれしいことは10倍になります。

だから神社に行きましょう。

「ん、わかった」とこの世でスタスタと迷いなく歩き出すために。

混迷の時代を、悟りの時代に変えていくために。

[エピローグ] EPILOGUE
「神社のある日本」という人を幸せにするシステム

●日本に隠された神さまの秘密

本書を最後までお読みくださってありがとうございます。

神社の秘密を知ったいま、どんなお気持ちでしょうか。

「神社のある日本」ってこんな国だったのです。

「虚空見つ日本の国」。

上空から見た日本の国と解釈されます。

飛行船に乗って、大空から日本の国土を見て「よい国だな〜」と思ったニギハヤヒノミコトの言葉でした。「日本」という国名にした神さまでしたね。

しかしもうひとつの意味があったのです。スキマの法則です。

「そら」はなにもない空間、「みつ」は満つ。

神さまが働くスキマに満ちた国。それが「宇宙から見た日本」です。

スキマに入ってくるのは、「誰かの役に立ちたい」という神さまの願いです。


神社の神さまは、挫折した存在でしたね。大きな挫折、悲しみを味わいました。

そして、「もうのちの世の人たちには、自分のような悲しい思いはさせまい」と誓願して、神さまになったのです。

日本神道の最高神・アマテラスオオミカミは「引きこもり」でした。

「引きこもり」で苦しんだからこそ、すべてを照らす太陽の神になったのです。

もし、あなたが引きこもりで苦しんだ経験があるなら、あるいはいまも苦しんでいるのなら、あなたはアマテラスオオミカミになる道を歩んでいます。

大きな挫折を味わい、その悲しみをのりこえて、人々を助けようとする純粋な意思。

それが神社の神さまです。そんな存在に満ち満ちているのが日本なのです。

そんな神さまの願いと、僕たちの願いがシンクロしたとき、人は成功と幸福に満ちた道を歩むと確信しています。

「神社のある日本の国」は、目には見えませんが「システム」です。**システムなので、他の国や国以外の組織にも、神社の機能を移植することはできます。**

たとえばパナソニックは「神社のある企業」でしたね。

世界中から神社に観光客が訪れるようになったいま、**神社というシステムも世界中に広がっていくのかもしれませんね。**

◉特別な成功者だけの秘密にしておく時代はおしまい！

もし、人々が神社の神さまのようにおのれの神性に気づいたら、どんな社会になると想像しますか？

神性とは、自分が悲しい思いをしたら、他の人にそんな思いはさせまいと思うことです。さあ、どんな社会に住んでいるでしょうか。

想像できましたか？　いまあなたが想像した社会を創ること。それが、僕がこの本を書いた目的であり、数十年先に視《み》えるビジョンです。

神社は、人々が自分の神性に気づき、意識を宇宙のように広く拡大していく、もっともよい教育の場になりえます。

特別な成功者だけがそのことを知っているだなんて、もうそんな時代じゃないでしょう。神社の秘密を知ったあなた。人ごとじゃありませんよ。

この本を読んでしまったあなたは、もう「お役目」をさずかりました。**「世の中をよくしなさい」というお役目を神さまからさずかった**のです。**神社に来て**一緒にお役目をになっていきませんか。


神社の神さまは、けっしてエリートではありません。エリートどころか僕たち以上に挫折の多い存在。ただ、どんなに挫折しても、けっして優しさを忘れない存在なのです。

そんな優しい存在がそばにいると感じられたら、なんだか気持ちよく、すがすがしくなりませんか。ひねくれ者だった僕も、相当まっすぐになりました（笑）。

もしも神社で、すがすがしさを感じられたら、今度は神社の外にも、すがすがしさを広げていきましょう。なにも特別なことをする必要はありません。ただ息を吐いていればいい。息を吐いて「そらみつ私」であればいいのです。

もし「そらみつ私」になったら、そのときは、**あなたに満ちた「そら」を、世界に広げていきましょう。**それが本書の著者としての「祈り」です。

最後に、本書を出版するにあたって、サンマーク出版の編集者・金子尚美さんにたいへんなご尽力をたまわりました。金子さんだけでなく、サンマーク出版のみなさまにはさまざまな薫陶を受け、「言葉には人生を変える力がある」と教えていただきました。本当にありがたく思っております。神さまのことを書いた本ですが、人との出会いがなければ、この世ではなにもできません。

多くの人のご尽力・ご協力・はげましのもと本書はできあがりました。

関わってくださったすべての方々に感謝申し上げます。

2016年5月

リュウ博士こと八木龍平

■参考文献

『祈る心は、治る力』（ラリー・ドッシー著／日本教文社）

『大人がもっとキレイになれるおしゃれの教科書』（柴崎マイ著／サンマーク文庫）

『会社における「聖なる空間」』（三井泉著／論叢 松下幸之助　第15号 34-48頁）

『ザ・シークレット』（ロンダ・バーン著／角川書店）

『知っておきたい日本の神様』（武光誠著／角川ソフィア文庫）

『その科学があなたを変える』（リチャード・ワイズマン著／文藝春秋）

『地域に対する愛着の形成機構 ― 物理的環境と社会的環境影響 ―』（引地博之・青木俊明・大渕憲一著／土木学会論文集D, 65(2), pp.101-110）

『「地域風土」への移動途上接触が「地域愛着」に及ぼす影響に関する研究』（鈴木春菜・藤井聡著／土木学会論文集D, 64(2), pp.179-189）

『統計学が最強の学問である』（西内啓著／ダイヤモンド社）

『トヨタ式仕事カイゼン術』（若松義人監修／宝島社）

『日産最強の販売店改革』（峰如之介著／日経ビジネス人文庫）

『引き寄せの法則』（エスター・ヒックス&ジェリー・ヒックス著／SBクリエイティブ）

「THE FUTURE OF EMPLOYMENT: HOW SUSCEPTIBLE ARE JOBS TO COMPUTERISATION?」（「雇用の未来：コンピュータ化で職業はどれほど影響をうけるのか？」）（Carl Benedikt Frey and Michael A. Osborne / 2013）

八木龍平（やぎ・りゅうへい）のプロフィール

1975年、京都市生まれ。Doctor of Philosophy（Ph.D.）の学位をもつ科学者にして、触覚型の霊能者。

2006年11月、博士論文の執筆で追い込まれていた深夜、寮の自室に仏様の映像があらわれ、メッセージを聴く神秘体験をする。以来、見えない“気”に敏感になり、霊的な能力が開花する。

富士通研究所シニアリサーチャー、北陸先端科学技術大学院大学・客員准教授を歴任したのち、現在は青山学院大学でインターネットマーケティングの教鞭をとる。

「リュウ博士」として、ブログやセミナーで見えない世界について、心理学・統計学の視点と、自身の霊能力の視点を合わせたいままでにない解説が好評をえている。

リュウ博士の自分で考えるスピリチュアル
http://ameblo.jp/shoutokureiki

成功している人は、なぜ神社に行くのか？

2016年7月15日 初版発行
2017年1月30日 第29刷発行

著　者　八木龍平
発行人　植木宣隆
発行所　株式会社 サンマーク出版
〒169-0075
東京都新宿区高田馬場2-16-11
（電話）03-5272-3166
印刷・製本　中央精版印刷株式会社

ISBN978-4-7631-3564-3 C0039
ホームページ　http://www.sunmark.co.jp
携帯サイト　http://www.sunmark.jp